JN025907

教科力シリーズ
改訂第2版

小学校生活

寺本 潔

編著

玉川大学出版部

はじめに ——生活科の内容とその魅力

　本書は,「教科力　生活」というコンセプトで執筆された生活科の教科内容を解説する書である。生活科は1989 (平成元) 年3月に告示された「小学校学習指導要領」で誕生した比較的新しい教科であるが, 最近元気がない。国語科や算数科など小中学校を貫く主要な教科に比べ, わずか2学年しか配置されていない教科だからなのかもしれない。しかし, 小学校入学時からスタートする教科であるため, 子どもの成長・発達にはきわめて重要な学習機会を生活科は用意している。小1プロブレムと呼ばれる諸問題にも果敢に挑戦できる解決策 (スタートカリキュラム) を有している。もちろん, 生活科は, 誕生以前に存在していた低学年理科と社会科の合科ではない。今や生活科は独立した教科としての基盤を確立しつつある。その核心は,「子ども自身の気付き」であり,「体験と思考, そして表現をつなぐ学習」の重視である。

　生活科は, その核心部分を身の周りの地域や自分の生活に関する直接体験を重視した学習活動によって実現していく特質をもっている。さまざまな活動を通して生活上必要な習慣や技能を身につけさせたりしながら, 自立し生活を豊かにしていくための資質・能力を養っていくことが趣旨であるため, 検定教科書においてもたとえば, 挨拶の仕方やハサミの安全な使い方, 植物や昆虫の名前, 季節を表す言葉の習得, 自分自身の成長過程への関心など多種多様な技能や態度等が盛り込まれた内容となっている。さらに,「幼児期の教育とのつながりや小学校低学年における各教科等における学習との関係性」「見付ける, 比べる, たとえる, 試す, 見通す, 工夫するなどの多様な学習活動」などの重視を通して教科としての進化が図られている。

　つまり, 生活科は理科と社会科を足して2で割った教科ではない。子ども自身が, 見る, 作る, 探る, 育てる, 調べる, 記録に取る, 発表するなどの活動を軸に外界の事物・事象を自分に引き寄せて学ぶ, いわば「学びを通して自分づくりへ向かう」教科なのである。その意味で, 他教科や道徳, 特活

に比べてもダイナミックで子どもの興味や関心を引き付ける教科になることができる。

しかし，一方で現実には多くの疑問や批判が生活科に寄せられてきたのも事実である。「体験あって学びなし」とか，「低学年に必要な科学的な思考が育成できていない」「社会とのかかわりで仕事の意味がつかめていない」「自己中心的な見方にとどまり，遊びに終始している」などといった指摘である。これらの指摘は，自分とのかかわりを基調とする生活科ではある意味で仕方のないことかもしれない。

他方で生活科こそ子どもらしさの発露を認め，子どもの側に立った学びが保障される教科であるともいわれてきた。感覚や感性を大事に扱い，何よりも活動への意欲を学習の基盤に据えたからである。「探検したい」「作りたい」「競争したい」「発表したい」といった欲求を授業構成の基軸にしている。

本書の構成を紹介しよう。本書は，16章で構成されている。16章で編集したのは，自然・社会・自分自身の各アングルからそれぞれ3〜6つの章を配置したこと，大学における生活科（内容）の解説書として解説するためである。章ごとに分かれているのでどこから読み始めてもいいように独立させてある。

第1〜2章は「教科生活の概要」である。内容構成や教材の特色，生活科誕生の経緯と誕生から現在までの30年間の内容の変化が整理されている。続く第3〜7章は「『自然とのかかわり』に関する内容とその解説」である。四季を軸に単元展開が組織されている生活科内容のポイントが整理されている。現行の学習指導要領改訂で注目の的になった「思考力，判断力，表現力等」というフレーズにもっとも関係する領域が，児童の科学的思考につながる側面である。自然とかかわるなかでどのような気付きが深まるのか，その内容と取り扱いを栽培活動や動物飼育，おもちゃづくりのアングルから解説した。

続く，第8〜10章は「『社会とのかかわり』に関する内容とその解説」である。地域の探検活動で扱われる教材や社会性の育みや生活空間の拡大が丁寧に解説してある。通学路の認知から始まり，公園や公共物とのかかわり方につながる「社会とのかかわり」は生活科教育の柱の一つである。社会性の涵養という，いわば生活科教育を支える土台に当たる資質・能力形成に関して補強することで，生活科教育の全体像をより見えやすくした。

さらに第11〜16章においては「『自分自身とのかかわり』に関する内容とその解説」と題し，スタートカリキュラムの必要性とその指導内容や自己成長単元，家族単元などを軸に3年以上の理科・社会科と生活科の内容比較に言及した。

　各章には，一部実践記録や指導計画も配置されている。生活科は，国語科や算数科のように教室内で教科書を主教材としてしっかりと学ばせる教科ではなく，あくまで体験や活動を軸に気付きを生み出す教科であるため，具体的な場面を想定しながら，教科内容を捉えたほうがわかりやすいと判断したからにほかならない。その意味で指導案や指導技術を解説した生活科指導法のテキストと類似する側面がある。

　また，生活科は他教科が採用している全国一律の学習内容やカリキュラムという考え方では，むしろ教科としての特質を発揮できないため，地方ごとに単元展開や教材をいっそう工夫しなければならない教科であることも忘れてはならない。たとえば，沖縄県や北海道では，季節感も異なるため，生活科暦にかなりの工夫を要するはずである。東京都心と過疎地域とでは都市化の度合いも異なるため，生活科マップに掲載する要素も異なるはずである。同様に，学校内の施設や環境の違いも関係する。読者においては，ぜひ，身近な小学校を生活科教育の場として想定しつつ，本書を活用してもらいたい。

寺本　潔

目　次

第**1**章

生活科の内容構成と教材の特色

　この章では，生活科の中身を構成する「学校，家庭及び地域の生活に関する内容」「身近な人々，社会及び自然と関わる活動に関する内容」「自分自身の生活や成長に関する内容」の３つの内容構成を概括し，おもな特色ある教材について解説してある。生活科が他教科と異なる「気付き」や「思考と表現」という評価項目を有していることから，教材の価値付けにも注意を要する点を整理してある。

キーワード

　　内容構成の原理　四季の変化　社会性　自分の成長

1　生活科の内容構成

　生活科は３つの内容で大くくりできる。それは「学校，家庭及び地域の生活に関する内容」と「身近な人々，社会及び自然と関わる活動に関する内容」さらに「自分自身の生活や成長に関する内容」の３つである。生活科は1989（平成元）年３月に告示された「小学校学習指導要領」で誕生した比較的新しい教科であるが，国語科や算数科など小中学校を貫く主要な教科が，系統的に思考や言語表現の伸長に力を入れるのに比べて，生活科は活動そのものが教育内容でもあり，わずか２学年しか配置されていない教科のためか，気付きや思考と表現をはじめとする能力育成に明確な視点が設けられていない。

　しかし，平成29年告示の『小学校学習指導要領解説　生活編』(pp.23〜24)

11

には，次の11の視点が整理されている。「ア健康で安全な生活　イ身近な人々との接し方　ウ地域への愛着　エ公共の意識とマナー　オ生産と消費カ情報と交流　キ身近な自然との触れ合い　ク時間と季節　ケ遊びの工夫コ成長への喜び　サ基本的な生活習慣や生活技能」である。これらが下記に掲げる内容(1)〜(9)と共に階層構造をなしており，生活科の内容の全体構成として提示されている(表参照)。

表　生活科の内容の全体構成

階層	内容	学習対象・学習活動等	思考力，判断力，表現力等の基礎	知識及び技能の基礎	学びに向かう力，人間性等
学校、家庭及び地域の生活に関する内容	(1)	・学校生活に関わる活動を行う	・学校の施設の様子や学校生活を支えている人々や友達，通学路の様子やその安全を守っている人々などについて考える	・学校での生活は様々な人や施設と関わっていることが分かる	・楽しく安心して遊びや生活をしたり，安全な登下校をしたりしようとする
	(2)	・家庭生活に関わる活動を行う	・家庭における家族のことや自分でできることなどについて考える	・家庭での生活は互いに支え合っていることが分かる	・自分の役割を積極的に果たしたり，規則正しく健康に気を付けて生活したりしようとする
	(3)	・地域に関わる活動を行う	・地域の場所やそこで生活したり働いたりしている人々について考える	・自分たちの生活は様々な人や場所と関わっていることが分かる	・それらに親しみや愛着をもち，適切に接したり安全に生活したりしようとする
身近な人々、社会及び自然と関わる活動に関する内容	(4)	・公共物や公共施設を利用する活動を行う	・それらのよさを感じたり働きを捉えたりする	・身の回りにはみんなで使うものがあることやそれらを支えている人々がいることなどが分かる	・それらを大切にし，安全に気を付けて正しく利用しようとする
	(5)	・身近な自然を観察したり，季節や地域の行事に関わったりするなどの活動を行う	・それらの違いや特徴を見付ける	・自然の様子や四季の変化，季節によって生活の様子が変わることに気付く	・それらを取り入れ自分の生活を楽しくしようとする
	(6)	・身近な自然を利用したり，身近にあ	・遊びや遊びに使う物を工夫してつく	・その面白さや自然の不思議さに気付	・みんなと楽しみながら遊びを創り出

		る物を使ったりするなどして遊ぶ活動を行う	る	く	そうとする
	(7)	・動物を飼ったり植物を育てたりする活動を行う	・それらの育つ場所，変化や成長の様子に関心をもって働きかける	・それらは生命をもっていることや成長していることに気付く	・生き物への親しみをもち，大切にしようとする
	(8)	・自分たちの生活や地域の出来事を身近な人々と伝え合う活動を行う	・相手のことを想像したり伝えたいことや伝え方を選んだりする	・身近な人々と関わることのよさや楽しさが分かる	・進んで触れ合い交流しようとする
自分自身の生活や成長に関する内容	(9)	・自分自身の生活や成長を振り返る活動を行う	・自分のことや支えてくれた人々について考える	・自分が大きくなったこと，自分でできるようになったこと，役割が増えたことなどが分かる	・これまでの生活や成長を支えてくれた人々に感謝の気持ちをもち，これからの成長への願いをもって，意欲的に生活しようとする

出所）文部科学省『小学校学習指導要領解説　生活編』2018年，p.28

　生活科は小学校入学時からスタートする教科であるため，子どもにとってはきわめて重要な学習機会を提供している。小１プロブレムと呼ばれる諸問題にもスタートカリキュラムという解決策を有している。生活科は，誕生以前に存在していた低学年理科と社会科の合科ではなく独立した教科としての基盤を確立している。その核心は，「自立し生活を豊かにしていくための資質・能力」であり，「具体的な活動や体験」の重視である。

　その核心部分を身の周りの地域や自分の生活に関する直接体験を重視した学習活動によって実現していく特質をもっている。もちろん，さまざまな活動を通して生活上必要な習慣や技能を身につけさせたりしながら，自立し生活を豊かにしていくための資質・能力を養っていくことが趣旨であるため，検定教科書においてもたとえば，挨拶の仕方やハサミの安全な使い方，植物や昆虫の名前，通学路の安全を守ってくれている人への気づき，季節を表す言葉の習得，自分自身の成長過程への関心など多種多様な知識や技能，思考や表現，態度等が盛り込まれた内容となっている。さらに，「活動や体験の過程において，自分自身，身近な人々，社会及び自然の特徴やよさ，それらの関

わり等に気付く」「身近な生活に関わる見方・考え方を生かすこと」などの改訂を通して教科としての進化が図られている。

　つまり，生活科は自然と社会的事象を単に合科的に扱うだけの教科ではないのである。子ども自身が，見る，作る，探る，育てる，調べる，記録に取る，発表するなどの活動を軸に外界の事物・事象を自分に引き寄せて学び他者と表現し合う，いわば「自分自身についての気付きを大切にしている」教科なのである。その意味で，他教科や道徳，特活に比べても具体的体験的で子どもの興味や関心を引き付ける教科になっている。

　しかし，一方で現実には多くの疑問や批判が生活科に寄せられてきたのも事実である。「体験あって学びなし」とか，「低学年に必要な科学的な思考がうまく育成できていない」「社会とのかかわりで公共心や仕事の意味がつかめていない」「自己中心的な見方にとどまり，遊びに終始している」などといった厳しい指摘である。これらの指摘は，あくまで「自分とのかかわり」を基調とする生活科では，広い視野や他者目線でないため，ある程度認めざるを得ない。

　その反面，生活科こそ子どもらしさの発露が認められ，子どもの側に立った学びが保障される教科であるともいわれてきた。感覚や感性を大事に扱い，何よりも活動への意欲を学習の基盤に据えているからである。「探検したい」「作りたい」「競争したい」「発表したい」などといった子どもから湧き起こる内発的な欲求を授業構成の基軸にしている。

2　教材の特色

　「学校，家庭及び地域の生活に関する内容」は，四季を軸に単元展開が組織されており，生活科指導のポイントの一つでもある。現在の学習指導要領で重視されている「思考力，判断力，表現力等の育成」というフレーズにもっとも関係する領域の一つが，児童の自然認識や科学的思考にかかわる部分である。自然とかかわるなかでどのような気付きが深まるのか，栽培活動（たとえば，アサガオやミニトマトの栽培）や動物飼育（たとえば，ウサギやヤゴの飼育），製作活動（たとえば，動くおもちゃづくり）などが教材の特色として挙げられる。

「身近な人々，社会及び自然と関わる活動に関する内容」は，学校探検から開始される社会性の育みや生活空間の拡大を促す指導のあり方がポイントである。通学路の認知から始まり，公園や公共物とのかかわり方につながり，最終的に家族単元に至る「社会とのかかわり」は生活科教育の柱の一つである。社会性の涵養という，いわば生活科教育を支える土台に当たる資質・能力形成は今後さらに注目されるだろう。

　さらに，「自分自身の生活や成長に関する内容」は，スタートカリキュラムにおける言語表現と発達の見とり，子ども自身の成長記録からの気付き（いわゆる成長単元）などを軸に教材の特色がみられる。

　各章には，できる限り実践記録を元にした単元計画や指導案を配置した。具体的な授業場面に即して生活科を捉えたいと考えたからである。生活科は，国語科や算数科のように教室内で教科書を主教材としてしっかりと学ばせる教科ではなく，あくまで体験や活動を軸に気付きを生み出す教科であるため，具体的な指導場面を想定しながら，教科の特質を捉えたほうがわかりやすい。

　加えて，生活科は他教科が採用している全国一律の学習内容やカリキュラムだけでは，不都合が生じるため，本来はその土地の風土を生かし地方ごとに単元展開や教材をいっそう工夫しなければならない教科である。たとえば，沖縄県や北海道では，季節感も異なるため，生活科暦にかなりの工夫を要する。都市の中心部と過疎地域とでは都市化の度合いも異なるため，生活科マップに掲載する教材も異なる。学区の広狭や学校内の施設，児童数の違い等も関係する。

　ところで，基本的には1989年に誕生して以来，今日まで生活科の目標は大きく変化なく維持されている。低学年児童の発達特性を考慮に入れ，具体的な活動や体験を通して思考を促すことにこの教科の特徴がある。身の周りの事象を一体的に捉え，生活者の視点から考えることを大事にした教科と言える。ここで改めて生活科の目標と内容の概要について解説してみたい。

　生活科の教科目標は次のとおりである。

> 　具体的な活動や体験を通して，身近な生活に関わる見方・考え方を生かし，自立し生活を豊かにしていくための資質・能力を次のとおり育成することを目指す。
>
> (1)　活動や体験の過程において，自分自身，身近な人々，社会及び自然の特徴やよさ，それらの関わり等に気付くとともに，生活上必要な習慣や技能を身に付けるようにする。
>
> (2)　身近な人々，社会及び自然を自分との関わりで捉え，自分自身や自分の生活について考え，表現することができるようにする。
>
> (3)　身近な人々，社会及び自然に自ら働きかけ，意欲や自身をもって学んだり生活を豊かにしたりしようとする態度を養う。

　キーワードは「身近な生活に関わる見方・考え方を生かし」である。この場合の見方・考え方とは学術的な高度な考え方でなく，あくまで生活の中で何かに気付いたり，できるようになったりすることを意味している。

　また，書き出しに「具体的な活動や体験」とあえて記されているのは，ともすれば机に向かって考えたり，話し合ったりするだけの授業に陥るのでなく，生活科発足時の基本理念である体験を主軸に据えて学習を進めることの大切さを改めて感じることができる。とりわけ，活動に伴って必ず思考が生じ，思考と分離しないで活動を一体的に捉えていく必要がある。

　たとえば，通学路の安全を守っている人を学習する際，単に子ども110番の家の人を写真で見たり，地図でその場所を確かめたりするだけでなく，実際に出かけていき，110番の家の人に挨拶する体験がどうしても必要となってくる。さらに，評価にもかかわるが，思考と表現を関連付ける学習指導も大切な手立てになってくる。自分たちの通学の安全を守ってくれている人の思いや願いに触れて，自分たちも安全に気をつけて通学しようとする態度の育成につながるような表現が期待される。「いつも見守ってくれてありがとう」「ぼくたちも安全に気をつけて毎日通学します」「危ないときには，おじさんの家に飛び込むから，そのときは助けてください」「通学団で年下の1年生にも注意しながら通学します」などと言った表現が期待されるところである。

学年目標について検討してみよう。生活科は，第1学年および第2学年に配置されている教科であるが，2学年まとめて目標が共通している。これは発達特性を考慮しただけでなく，活動の深まりや学習素材の選定などにおいて2学年まとめて示しておいたほうが，弾力的に運用できるためでもある。内容の取扱いについての配慮事項としては「地域の人々，社会及び自然を生かすとともにそれらを一体的に扱うような学習活動を工夫すること」「身近な人々，社会及び自然に関する活動の楽しさを味わうとともに（中略）言葉，絵，動作，劇化などの多様な方法により表現し，考えることができるようにすること」「見付ける，比べる，たとえる，試す，見通す，工夫するなどの多様な学習活動を行うようにすること」「コンピュータなどの情報機器について，その特質を踏まえ（中略）適切に活用するようにすること」「身近な幼児や高齢者，障害のある児童生徒などの多様な人々と触れ合うことができるようにすること」「生活上必要な習慣や技能の指導については，人，社会，自然及び自分自身に関わる学習活動の展開に即して行うようにすること」の6つが記されている。

また，学習指導要領には，年間指導計画の作成にあたって，次の事項が示されている。「児童一人一人の実態に配慮すること」「児童の生活圏である地域の環境を生かすこと」「各教科等との関わりを見通すこと」「幼児期の教育や中学年以降の学習との関わりを見通すこと」「学校内外の教育資源の活用を図ること」「活動や体験に合わせて授業時数を適切に割り振ること」の6つである。生活科が，他の教科と異なる特性をもった教科であることを考え，しかも低学年に配置されている特性からこの6つの事項が設けられている。この中で，各教科等との関わりを見通す指導については，つい教科が異なるため忘れがちになる点である。国語科で習得した言葉を生活科の活動で使ってみる場面もあってよいし，生活科で体験した活動への思いを音で表現させてもいい。ひみつ基地を段ボールで製作する場合に，図工で習った色の付け方や材料の用い方を応用してもいい。

これは，生活科が「生きる力」を育成するうえで低学年の時期に必要な体験であることを改めて認識させる記述であろう。

生活科が教科として認知され，学びの水準を向上させるうえでもこれらの

改善は避けられない事柄である。ともすれば「体験あって学びなし」と揶揄<ruby>揶揄<rt>やゆ</rt></ruby>されがちな生活科授業であるが，指導者がねらいを明確にもって指導にあたるか否かが重要である。また，思考していることが，言葉に出るようにするためにはどのような手立てが必要になってくるか，言葉や絵に表現させることで交流を生むように促すことや教師が「いいね」「そうだね」「なるほど」と児童の気付きを認め，学びのテンポに沿う「合いの手」のような働きかけが，より重要になってきた。単に，「見つけた」「うれしかった」では，思考の深まりがつかめない。生活科においても思考の深まりや広がりが表現として表出される学びが期待されている。

　生活科が自己の生活に反映される意味で「生活化」と呼べる学びであるためにも計画的実際的に指導にあたる必要がある。生き物との接触を嫌がる児童，落ち着いて教師や友達とアイコンタクトができない児童，協力しておもちゃの製作を進めることができない児童など，現実には多くの生活習慣や生活態度の面で問題がある児童が見受けられる。いかに実効性のある生活科教育を打ち立てていけるかが，内容構成と教材を論じる以上に重要な内容として私たちに問われている。

小1プロブレム

　　　小学校に入学したての児童に見られる問題行動で，授業中に自分の席に座っていられない，落ち着いて話を聞くことができずに，騒いだり，立ち回って，集団行動がとれないなどの状況が数ヶ月継続している状態をいう。したがって結果として，子どもたちが学校生活に適応できない事態を起こしており，学級崩壊へとつながる要素も含んでいる。

　　原因として，比較的制約の少ない幼稚園や保育園と一斉授業をはじめとする小学校の学校生活環境の格差の問題や，家庭教育力低下による子どもの基本的生活習慣の欠如などが挙げられている。

　　これらの課題を受けて，小1プロブレムへの解決方策として，スタートカリキュラムに代表されるように，1つは幼稚園や保育園と小学校低学年との接続カリキュラムの充実を図ることが必要である。このためには，前提として，保育園，幼稚園と小学校の教員相互の連携を図ることである。

　　2つは，保護者によるしつけの徹底である。そのためには，学校側としてもさまざまな機会を通して保護者へしつけの大切さを伝えていることが重要な鍵である。このことによって生活習慣の自立を進めていくことが可能となるであろう。

確認問題

1　生活科の内容構成を3つに分けて整理し，それぞれに関して代表的な教材内容を配置した簡単な表を作成しよう。

2　『小学校学習指導要領解説　生活編』を用いて，自立への基礎につながる成長を扱う単元や社会性に関係する内容を200字程度で記述しよう。

より深く学習するための参考文献
・小原國芳『全人教育論』玉川大学出版部，1969年
・寺本潔『犯罪・事故から子どもを守る学区と学校の防犯アクション41』黎明書房，2006年
・奈須正裕『学校を変える教師の発想と実践』金子書房，2002年
・田村学『「深い学び」を実現するカリキュラム・マネジメント』文溪堂，2019年

第2章

生活科誕生の経緯とこれまでの30年間

　生活科は1989（平成元）年「小学校学習指導要領」改訂において新教科として新設され，低学年における社会科と理科は廃止された。そこで生活科が新設されるまでの経緯をさまざまな提言等から探る。また，新設から現在に至るまで，学習指導要領の内容がどのように改訂・改善され，生活科の究極の目標である「自立への基礎」につながってきたのかについても解説する。

キーワード

　　生活科の誕生　生活科構想　活動や体験　学習指導要領

1　生活科誕生の背景と経緯

　生活科は1989（平成元）年の学習指導要領改訂を機に，それより以前からおよそ20年の検討を経て，生活科として誕生した教科である。生活科が誕生する以前から低学年の教科編成をどのようにするか課題であった。とくに，系統学習の発展に伴って，低学年の社会科と理科の学習指導に新たな課題が指摘されるようになった。低学年の社会科は，常識的な内容に終始して，地域性や教材選択が十分に生かされない，理科では自ら事象や現象に働きかけることが不足し，科学的な自然認識が育ちにくいという指摘があり，低学年の社会科と理科を改善する動きがあり，1968（昭和43）年改訂の学習指導要領で，低学年の社会科と理科の改善が図られた。

（1）中教審答申での課題

　1971（昭和46）年の中央教育審議会の答申で，低学年において生活および学習の基本的態度・能力を育成することが大切であることから，教科の区分にとらわれず，総合的な教育が可能な教育課程のあり方が重要であることが提言された。その後，1975（昭和50）年教育課程審議会の「中間まとめ」において，教育課程の基準の改善の基本方向が示され，そこでは小学校における各教科等の編成について，次の意見が出された。そのなかで，とくに低学年では，児童の具体的な活動を通してと知識・技能の習得や態度・習慣の育成を重視する観点から，第 1 学年および第 2 学年の各教科等のうち，社会科，理科の内容について内容のあり方や学習の実態からみての課題等を検討するとした。具体的には児童が自分たちを取り巻く社会的および自然的な環境について学習することを共通のねらいにするような目標や内容をもった教科を設けることを研究する必要があるというものであった。

（2）合科的な指導の推進

　1976（昭和51）年，教育課程審議会の「審議のまとめ」では，児童の具体的な活動に着目し，その関連の深い内容を総合的に指導したほうが効果的であるという考え方から，社会科および理科のあり方やこれらの内容を中心とする新しい教科の設定などについて検討された。その結果，「中間まとめ」で示された事柄をいっそう重視していく反面，現在の教科編成を直ちに変えることではなく，研究試行が必要との考え方が強く，教科編成は現行のままとしながら，低学年における合科的な指導を今まで以上に推進する措置を取ることとなった。これを受けて，小学校学習指導要領（1977〔昭和52〕年版）では，「低学年においては合科的な指導が十分できるようにすること」と提言された。ここでは社会と理科を中心として，もう一つは各教科等，全領域を網羅して合科的に指導しようとするものであった。

（3）低学年教科のあり方

　1986（昭和61）年，臨時教育審議会，教育に関する第 2 次答申の中で教科の内容，構成にあたって次のように示されている。「小学校低学年の児童は，発

達段階的には思考や感情が未分化の段階にある。このことからも幼児教育から小学校教育への移行を円滑にする観点から，教科の総合化を進めるとともに編成については，読・書・算の基礎の修得を重視するとともに，社会・理科などを中心として教科の総合化を進め，児童の具体的な活動・体験を通じて総合的に指導することができるよう検討する必要がある」と低学年の教科の再編成を促したのである。

1986年7月「小学校低学年の教育に関する調査研究協力者会議・審議のまとめ」において，小学校低学年の教科構成等改善にあたっては，次のような事項に考慮する必要があるとして5点が示された。

①発達の特性から児童の具体的な活動や体験に着目して教育内容を構成したほうがよい。

②低学年の時期はもっとも基礎的な段階にあることから，児童の具体的な活動や体験を通して総合的な指導を行ったほうが教育効果があがる。

③低学年の時期には，社会認識や自然認識の芽を育てることが重要である。しかし，社会科や理科の学習指導はややもすると表面的な知識の伝達に陥りやすく内容構成や活動のあり方について検討する必要がある。

④低学年時期に基本な習慣や技能を身につけることは大切である。社会人として生活を営む基礎的な資質を養う必要がある。

⑤近年の児童を取り巻く環境の変化により，児童の直接体験の場の機会が乏しくなってきている。具体的な活動を通して思考する段階にあることから，体験的学習をいっそう重視する必要がある。

このような具体的な活動や体験的な学習を通して，自ら意欲をもって学習する態度を育てることが大切であるという観点から，低学年の教科構成等のあり方について検討が加えられた。

そのスタートとして，低学年教育が充実するよう教科構成等の改善を図ることが適当であるとして3点が示された。①学習の基礎となる読み，書き，算の能力の育成を目指す。②生活上必要な基本的習慣の育成や，道徳的心情を陶冶する指導をいっそう充実する。③児童の発達状況に適合する総合的な指導にとくに配慮するとともに，具体的な活動や体験をいっそう重視する。このような観点から低学年の教科構成について検討した結果，教科を集約し，

再構成したほうが適当であるという考えに達し，以下のような生活科設立の提言に結びついた。

（4）具体的な提言と生活科の新設

　従来，低学年において社会認識，自然認識の芽を育てることは，社会科，理科で行うこととしてきた。しかし，この時期は具体的な活動を通して思考する段階にあることから，これらの教科のねらいは，指導の具体的な活動や体験を通して指導するほうがいっそう有効に達成できると考えられる。そこで，児童が自分たちのかかわりにおいて人々（社会）や自然を捉え，児童の生活に即したさまざまな活動や体験を通して社会認識や自然認識の基礎を培い，生活上必要な習慣や技能を身につけさせ，自立への基礎を養うことをねらいとする総合的な新教科として生活科を設けることとした。そこでは目標や内容について試案として構想された。目標として「具体的な活動や体験を通して，身近な自然や社会の様子に関心をもち，それらと自分たちのかかわりに気付かせるとともに，その過程において必要な生活上の習慣や技能を身につけ，自立への基礎を養う」とした。このことは，今までの低学年教育に反省を求め，発想の転換をせまることにもなった。その後，1986 年 10 月，同審議会「中間まとめ」では，低学年の教育の充実を図るために，低学年に新教科として生活科（仮称）を設定することが適当であることとして示された。1987（昭和62）年 11 月，同審議会「審議のまとめ」を経て，1987 年 12 月「新教科として生活科を設定し，具体的な学習を通して総合的な指導を一層推進するのが適当である。これに伴い社会科及び理科は廃止する」として最終答申として生活科の新設が決定した。1989 年，新しい学習指導要領の告示によって，小学校低学年教科として，生活科が正式に位置付けられた。

2　生活科新設の趣旨とねらい

1989 年の学習指導要領改訂

　これまでの経緯の中では，日常生活における体験の不足，自然との触れ合いや自然を対象とした遊びの減少，生活習慣や生活技能，家庭や地域の教育

力の低下など低学年教育のあり方の検討が必要という指摘である。そのために強調されてきたことは，児童の発達段階への対応や，幼稚園教育との連携，教科構成の再編成，学習指導の転換など学校教育の初期段階から積極的にこれらの課題に向かうことが重要であるというものである。この点から考えると生活科設定には大きな意義がある。

1987年12月に出された教育課程審議会答申「幼稚園，小学校，中学校及び高等学校の教育課程改善について」では，次のような趣旨とねらいをまとめている。①低学年児童には具体的な活動を通して思考するという発達上の特徴が見られるので直接体験を重視した学習活動を展開し，意欲的に学習や生活をさせるようにする。直接体験を重視することによって，児童は学ぶ楽しさ，成就感を体得できるというものである。②児童を取り巻く社会環境や自然環境を，自らもそれらを構成するものとして一体的に捉え，そこに生活するという立場から，それらに関心をもち，自分自身や自分の生活を考えさせるようにする。身近な社会や自然とのかかわりの学習や自分自身への気付きなどの学習を通して，自分の役割，行動について自分の判断で行動できることを目指しているものである。③社会，自然及び自分自身にかかわる学習過程において必要な生活習慣や技能を身につけさせるというものである。児童が生活者の立場から，さまざまなことを生活の中に生かすようにすることを求めている。

これら生活科設定の趣旨を踏まえて，学習指導要領において，教科目標・内容等が示された。教科目標には，生活科の求める4つの視点が示され，究極的なねらいが掲げてある。学年目標は2学年共通するものとして3つの視点で示してあるが，このような示し方は従来なかったものである。内容は第1学年，第2学年ともにそれぞれ6項目が設定され，これらの内容は，生活科のねらい，目指す児童像，児童の実態，学校教育に求められる社会の要請などによって設定されたものである。生活科の構成に大きな影響を及ぼしたものが，内容選択の視点である。その視点とは，基本的な視点と具体化した視点である。前者の視点とは，①自分と社会（人々，物）とのかかわり，②自分と自然とのかかわり，③自分自身の3つである。いずれも自分が中心となっている。後者の視点は「健康で安全な生活」「身近な人々との接し方」など

10項目からなっており，生活科の内容を理解するためにも大事な手掛かりとなっている。内容構成のもう一つの特色は，具体的な活動や体験を行ったり，言葉，絵，動作，劇化などにより表現したりすることなどを内容の一環として取りあげるというものである。

3　生活科新設から30年・今後の生活科

(1) 1998（平成 10）年の生活科改訂

　1998（平成10）年12月，生活科にとって初めての改訂が行われた。完全学校週5日制の下，「ゆとり」の中で特色ある教育を展開し，「生きる力」を育成することを基本的なねらいとする時期，教育課程の編成，授業時数，各教科等の改善方針が提示されたときである。生活科が新設されて10年，生活科の基本的な事項に変化はないが，教育課程審議会において約2年間にわたり審議を行い，1998年7月に答申された。ここに至るまでに，教育課程審議会の中間まとめで，生活科の現状が指摘された。「直接体験を重視した活動が展開されているが，一部に画一的な教育活動が見られたり，単に活動だけにとどまっていたりして，知的な気付きが十分でない状況が見られる」というものであった。この中で答申を踏まえて，生活科の改訂が行われた。

　その改訂の基本方針は，第一に児童が身近な人や社会，自然と直接かかわる活動や体験をいっそう重視することである。第二に直接かかわる活動や体験の中から生み出す気付きを知的なものと捉え，大切にする指導である。第三に，生活科の学習の対象や場は，児童の生活圏にある人，社会，自然であり，地域の環境や児童の実態に応じた重点的・弾力的な指導が重要だというものである。改善の具体的事項としては，①第1学年と第2学年を分けて示している内容を厳選し，2学年でまとめて示すこととし，12項目あった内容を2学年8項目の内容で構成することとした。これによって，どの内容をどの学年で扱うかなどは，各学校が，地域，児童の実態に応じて判断するものとした。②従前の問題点として，内容に具体的な例示があることにより縛られた傾向が見られたことがあったことから，内容から具体的な公共施設名などを削除し，扱う場所，場を各学校が幅広く選択できるようにし，地域や児

童の実態に応じて多様な活動や体験ができるようにすることとした。③自立への基礎を養ううえで，多様な人々と触れ合うことで集団や社会の一員として自分のあり方を考えたり，人々との触れ合いができたりするよう配慮することとした。これらに対応して，学校生活や家庭生活を支えてくれる人々，近所の人々，身近な幼児，高齢者，障害のある児童生徒などの多様な人々と触れ合うことができるような内容にした。④「総合的な学習の時間」との関連を配慮し，児童がいっそう自分の思いや願いを生かし，主体的に活動することができるようにするため，内容の取扱いにおいて他教科等との合科的・関連的な指導をいっそう推進するというものである。

(2) 2008（平成 20）年の生活科改訂

　2008（平成20）年1月の中央教育審議会の答申を受けて，学習指導要領では生活科における改善の基本方針として，次のように提言している。1つ目は，生活科の趣旨のいっそうの実現に向け，身近な人々，社会，自然とかかわる活動を充実させようとするものである。2つ目は，活動や体験を繰り返したり他者とともに活動したりすることで，自分と対象とのかかわりを深め，気付きが高まっていくようにし，気付きの質を高めて，次の活動や体験の充実にいっそうつなげていくことを目指しているというものである。3つ目は，安全教育を充実させることや自然の素晴らしさ，生命の尊さを実感する学習活動を充実させるとともに，幼児教育との連携を図り，異年齢での教育活動をいっそう充実させるというものである。これらを受けて，改善の具体的事項を示している。そして，改善の基本方針および改善の具体的事項を受けて，生活科の目標の改善や内容および内容の取扱いの改善が図られたのである。

　今後の生活科の具体的な方向性は，次のようなものである。①気付きの明確化と気付きの質を高める学習活動の充実。具体的な学習活動や学習対象を示し，そこでのかかわり，活動，関心，気付き，わかる，考えるなどを明確にした。②伝え合い交流する活動の充実。コミュニケーション活動を通して体験したことを他者と情報交換することを目指した「生活や出来事との交流」の内容を位置付けた。③自然の不思議さや面白さを実感する指導の充実。自然の不思議さに気づくことを明示し，科学的な見方・考え方の基礎が培える

ようにした。④安全教育や生命に関する教育の充実。地域の登下校に関する安全指導や継続的な飼育・栽培を行うようにする文言が追加された。⑤幼児教育及び他教科との関連。合科的な指導を行うなどの工夫により，第 1 学年入学当初のカリキュラムをスタートカリキュラムとして改善した。また，他教科等の関連を図る指導は引き続き行うものとする，というものである。また，このときの改訂によって，生活科の学習指導の進め方も大きく影響された。たとえば，生活科の気付きの質を高める学習の進め方として次のようなことが示された。〇試行錯誤や繰り返す活動を設定したり，振り返りを表現したりする機会を設けることの必要性。質を高めるために，見付ける，比べる，たとえるなどの多様な学習活動の工夫が求められるようになった。〇一人ひとりの気付きを共有しみんなで高めていくことも必要とされた。〇試行錯誤や繰り返しの活動を設定することで気付きの質が高まっていくとされた。〇児童の学習活動の多様性を生かしつつ，他の児童との共通点，相違点，児童自身のよさも見えてくるとされた。生活科では，よき生活者としての資質や能力および態度を重視している。これはまさしく，実社会や実生活と直接かかわる学習活動であるからこそ実現できるのである。また，目標や内容構成についても改善が図られた。

(3) 2017（平成 29）年の生活科改訂とこれからの生活科

　平成 20 年改訂より更なる充実を図ることが期待されるとして，どのような思考力等が発揮されるか，幼児期の教育からの連続，発展，スタートカリキュラムを教育課程全体を視野に入れた取組とすること，社会科や理科，総合的な学習の時間をはじめとする中学年の各教科等への接続を明確にすることが必要とされると明記された。多様な学習活動の重視や各教科等における，より自覚的な学びに円滑に移行できるよう合科的・関連的な指導の工夫が求められるようになった。

　生活科が誕生して以来，30 数年が経過した。この間，生活科の教科目標については，1989 年版，1998 年版，2008 年版，2017 年版の学習指導要領改訂においてもほぼ同じ内容である。すなわち生活科の当初の理念や実践の成果などが受け継がれているということである。とくに「具体的な活動や体験を通

して」の文言は生活科を特徴付けるものであり，他の教科では出会えない部分である。単に活動や体験だけで終わるのではなく，児童の思いや願いを十分にくみ取っているかも検証する必要がある。また，体験重視と言いながらも，自然体験や人とかかわる活動や体験が今まで以上によくなっているとは言い切れない。活動や体験活動を通じてもっと人とかかわる活動を実践の中に取り入れることが望まれる。また，生活科の特質とされる「直接体験を重視した学習活動を行うこと，身の回りの地域や自分の生活に関する学習活動を行うことなどにある。また，それらの学習活動において，自分の生活や自分自身について考えさせたり，生活上必要な習慣や技能を身に付けさせたりして，自立への基礎を養っていくこと」を十分理解しておくことは当然のことである。

確認問題

1　生活科全面実施までの経緯を年別に内容を踏まえてまとめよう。

2　生活科新設に伴い，生活科に何を求めようとしたか具体的に述べよう。

3　学習指導要領の1989年版，1998年版の改訂（第1回改訂），2008年版（第2回改訂），2017年版（第3回改訂）を比較しまとめよう。

より深く学習するための参考文献
・高浦勝義・佐々井利夫『生活科の理論』黎明書房，2009年
・中野重人ほか編『生活科事典』東京書籍，1996年
・文部省『小学校指導書　生活編』教育出版，1989年
・文部省『小学校学習指導要領解説　生活編』日本文教出版，1999年
・文部科学省『小学校学習指導要領解説　生活編』日本文教出版，2008年
・吉冨芳正・田村学『新教科誕生の軌跡　生活科の形成過程に関する研究』東洋館出版社，2014年

第 3 章

四季を軸に展開する生活科の内容

　子どもたちは自分たちの身近なところで自然を感じ，その春夏秋冬という季節を直接的に受け入れている。しかし，子どもたちが実際にものに触れたり，自らが自然の中で体験する機会はひじょうに減少している。

　本章では，身近な自然を観察したり，季節に応じた遊びを通して，四季の変化や季節によって生活のようすが変わることに気づき，自分たちの生活を工夫したり楽しんだりすることができるように，工夫された実践をもとに四季を軸に展開する生活科の内容を検討していく。

キーワード

身近な自然　五感　四季の変化　遊び　継続的な学習

1　四季の変化，季節を通して身近な自然に目を向ける単元

「これ何だろう？」「セミが大きな声で鳴いているよ。すごいね」「寒くなると，葉っぱの色が違うよ。わかる？」と子どもたちは，身近な自然に対して素直に心を動かし，自分とのかかわりの中で季節の変化を感じ，その季節をしっかりと捉えていることがわかる。

　このように，子どもたちは自分の周辺にある自然を感じ，春夏秋冬という四季を直接的に受容しているのである。

　「小学校学習指導要領」の生活科においては，内容 (5)「季節の変化と生活」

において、「身近な自然を観察したり，季節や地域の行事に関わったりするなどの活動を通して，それらの違いや特徴を見付けることができ，自然の様子や四季の変化，季節によって生活の様子が変わることに気付くとともに，それらを取り入れ自分の生活を楽しくしようとする」と述べられている。

ここでは，身近な自然に目を向け，興味・関心をもって観察したり，季節や地域の行事にかかわる行動を行ったりして，四季の変化を体全体で感じ取り，季節によって生活の様式が変わることに気づき，自分たちの生活を工夫したりできることを目指している。

しかしながら，子どもたちが実際にものに触れたり，自ら自然の中で体験する機会はきわめて減少している今日である。

子どもたちに豊かな自然に触れさせ，自然に対する理解を深め，子どもたちの実際の生活のなかに取り入れることは重要な今日的課題でもある。

中央教育審議会答申においては，「社会に開かれた教育課程」が重視され，子どもたちの「生きる力」を育み，汎用的な能力を重視する世界的な潮流を踏まえつつ，自然や社会の現実に触れる実際の「体験」が必要であるとしている。子どもたちにとって，「体験」は成長の糧である。

そこで，年間を通じ，子どもたちが実際に野外に出かけ，視覚，聴覚，触覚，味覚，嗅覚の五感を使い，体全体で自然の素晴らしさを感じ取れるように進めることが大切である。

身近な自然と触れ合うためには，実際に野外に出かけ，手に触れたり，においを嗅いだり，自分の耳で音を聞いたりしながらしっかりとした観察をすることが重要である。たとえば，道ばたに咲いているタンポポについて「前に見たときは小さくて，まっすぐに立っていなかったけど，今はまっすぐに立っていて花が咲いていたよ」などと比較したり，春と冬での植物の形状の違いを発見したり，青々としていた葉が茶色に色が変化していることに気づく。「見方・考え方」を働かせることが重要になり，四季を通じて学習活動を繰り返すことによって，子どもたちはそれぞれの季節の特徴を自ら感じ取り，四季の移り変わりや，それによって生活のようすが変化していることに気づくのである。

2　五感を通して四季の変化や季節のようすに気づく ことに力点をおいた単元の位置付け

　ここで事例として紹介する授業実践は，第1学年生活科学習指導案「くり ぎのしぜん，大すき！」(川崎市立栗木台小学校教諭大宮一美実践) 全15時間であ る。

　学習指導要領では，内容 (5) の「身近な自然を観察したり，季節や地域の 行事に関わったりするなどの活動を通して，それらの違いや特徴を見付ける ことができ，自然の様子や四季の変化，季節によって生活の様式が変わるこ とに気付くとともに，それらを取り入れ自分の生活を楽しくしようとする」 を受けて実践されたものである。

3　五感を通して四季の変化や季節のようすに気づく ことに力点をおいた単元計画

　地域の実態と子どもの実態の概略を示そう。

　学校周辺の地域は，この30年間で飛躍的に開発が進行し，区画整備が行わ れているが，道を挟み校舎の裏手には山があり，豊かな自然も残されている。 また，地域の方々より畑を借りてサツマイモ栽培を行っている。周辺には， 野の花や草むらが多く見られ，春をみつけたり，昆虫採集に出かけたりでき る良好な学習場所となっている。

　しかし，実際の子どもたちの遊びを見ると，校庭や外遊びはしているもの の，自然物そのものを遊びに取り入れることは少なくなっているようである。 生活科では，1年間の学習を通して「周りの人や物に対して，主体的にかか わることを積み重ねていくことで，自分の生活がより豊かになる」というこ とに子どもたちが気づき，思いや願いをもつことやそれを実現させるために 自ら考え行動することの楽しさを味わえるようにしたいとの教師の願いが込 められている。

　そこで，身近な自然を観察したり，季節に応じた遊びを行ったりして四季 の変化や季節によって生活のようすが変わることに気づき，自分たちの生活

を工夫したり楽しくしたりできるようにすることをねらいとして単元の目標が設定されている。

　本単元と各教科等の関連について示してみよう。

　国語，図画工作，特別活動（学活）との関連，さらには生活科の他の単元との関連が明確に示される。

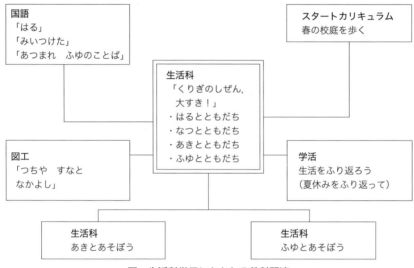

図　生活科単元にかかわる教科関連

　以上のことを踏まえて具体的に示されたのが生活科第1学年「くりぎのしぜん，大すき！」の単元（全15時間）である。

　各小単元は「はるとともだち」（2時間），「なつとともだち」（7時間），「あきとともだち」（2時間），「ふゆとともだち」（4時間）で構成されている。

　それぞれの小単元ごとの目標は順に「身近な自然に目を向け，関心をもって春を見つけようとしている」「諸感覚を使って身近な自然を観察したり，やってみたい方法で遊んだりする」「季節ごとの自然のようすと比較しながら，秋の自然の変化を考えたり見つけたりしてそれらに応じたかかわり方を考え，工夫して生活する」「四季の変化や季節と自分たちの生活のかかわりに気づく」に設定されている。

　ふだん見過ごしてしまいそうな自然に興味・関心をもたせ，子どもたちに思う存分自然に親しませたいものである。以下，単元計画を指導と評価を中心に示したい（一部，修正・加筆した）。

表　単元計画「くりぎのしぜん，大すき！」（全15時間）

次	時	おもな学習活動	・支援　☆評価
1 はるととともだち（2時間）	1 2	【小単元の目標】身近な自然に目を向け，関心をもって春を見つけようとしている。	
		きっかけ：国語「はる」を読んで……学校に来る途中にきれいなサクラの花が咲いていたのを見つけたよ。	・営農団地（サツマイモ畑）に草むしりに行く際にも，周りの自然を意識させるような声かけをしていく。
		（スタートカリキュラム：春の校庭を歩く）	・出かける前に「はるみつけビンゴカード」を配り，戻ったら書き込むことを伝えることで春見つけへの意欲を高める。
		○春を見つけに公園に行こう。 ・サクラやタンポポが咲いていたよ。 ・テントウムシがいたよ。 ・チョウチョが飛んでいたよ。 ・小鳥の鳴き声がするよ。 ・まみ沢公園には花も虫も実もあって面白いね。	・自分から進んで見つけたり気づいたりした子を褒め，全体に広げる。 ☆草花や木，生き物などに関心をもち，進んで春を見つけている。 ☆きまりやマナーを守り，安全に気をつけて公共施設を使ったり，友達や出会った人たちと楽しくかかわったりしている。
2 なつととともだち（7時間）	1 2 3	【小単元の目標】諸感覚を使って身近な自然を観察したり，やってみたい方法で遊んだりする。	
		○夏を見つけに公園に行こう。 〈ネイチャーゲーム・ビンゴカードを活用して〉 ・草が伸びてすごいよ。胸の高さまであるね。 ・バッタが飛んだよ。捕まえよう。 ・日陰の葉っぱは冷たくて気持ちがいいね。 ・顔に見える葉っぱを見つけたよ。 ・つるつるしている木はサルスベリっていうんだね。 ・砂場を裸足で歩いたら熱くて歩けなかったよ。	・自然に触れる活動を組み込んだネイチャーゲームや視点を入れたビンゴカードを活用することにより，諸感覚を使って季節を感じ取り，夏を楽しめるようにする。 ・活動後はうがい，手洗いを徹底する。 ・発言やつぶやきなどは，模造紙にまとめる。

2 なつとともだち（7時間）	2	〇夏の公園のようすを伝えよう。 ・セミの鳴き声がするね。春には聞こえなかったよ。 ・公園の草は刈り取られているね。 ・暑いね。木陰が気持ちいいね。	・「春見つけ」を思い出し，そのときの体験と比べようとしている子を褒め全体に広げる。 ☆諸感覚を使って身近な自然と触れ合おうとしている。
	4	〇夏の遊びを楽しもう。どんなことをしようかな。 ・虫を捕まえたいな。 ・顔に見える葉っぱを集めよう。 ・砂場でダムを掘って水をたくさんためたいな。 ・色水遊びがしたいな。 ・しぜんいろおにがしたいな。	・写真を活用し，公園での活動のようすを想起しやすくする。 ・自然にかかわる遊びはないか考えるよう助言する。 ☆思いや願いをもって自然とかかわろうとしている。
	5 6	〇夏と遊ぼう。 ・虫を捕まえる。 ・草花や木の実を集める。 ・砂場遊びをする。 ・自然物を利用して鬼ごっこなどをする。	☆夏の自然とどのようにかかわりたいか，自分の思いをもち，それに沿った内容を考えて活動している。
	7	〇夏の遊びの楽しかったことを話したいな。 ・大きなバッタを捕まえたよ。友達にも捕ってあげたんだ。夏は，虫が多い季節だね。 ・草ずもうで1回も負けない強い草を見付けたよ。根っこのほうを使うと強いこともわかったよ。 ・きれいな色水が作れたよ。また作りたいな。	・活動を通して湧き出る子どものさまざまな感情や気付きを大切にし，共感しながら伝え合うようにする。その際，諸感覚を使って感じたことを伝えていることを褒め，全体に広がっていくように促す。
3 あきとともだち（2時間）	1 2	【小単元の目標】季節ごとの自然のようすと比較しながら，秋の自然の変化を考えたり見つけたりしてそれらに応じたかかわり方を考え，工夫して生活する。 〇秋を見つけに公園に行こう。 〈あきみつけ　ビンゴカード〉 ・ドングリが落ちているよ。 ・葉っぱの色が変わってきたね。 ・地面が冷たいよ。 ・あきの遊びをしたいな。 〇夏と秋の公園のようすを比べてみよう。 ・夏に比べて木の実がたくさん落ちているね。 ・全体の色が変わっているね。 ・日があたっているところは，「あつい」じゃなくて「暖かくて気持ちいい」に変わっ	・ビンゴカードを活用して秋を見つける。その際，夏の経験を生かして自ら諸感覚を使って見つけている子を取りあげ，褒め，全体に広げるようにする。 ☆季節の移り変わりに気づくとともにそれぞれの季節のよさに気づいている。

		たね。 〇秋の遊びを考えよう。 ・影踏みをしたいな。 ・葉っぱを集めて絵を描きたいな。 ・おにいちゃんがやっていたドングリごまを作ってみたいな。	☆四季の変化や季節の特徴に合わせて身近な自然とのかかわり方を工夫している。
4 ふゆとともだち（4時間）	1 2 3 4	【小単元の目標】四季の変化や季節と自分たちの生活のかかわりに気づく。	
		〇冬を見つけに公園に行こう。 ・吐く息が白いね。 ・虫の声はもうしないね。 ・日陰は寒いね。 ・お日様の光が暖かいね。 ・木の葉がなくなっている。 ・草ずもうをした草がないよ。	・ビンゴカードを活用して冬を見つける。夏・秋の経験を生かして諸感覚を使って見つけている子を取りあげ，褒め，全体に広げるようにする。 ☆季節によって自然のようすや自分たちの生活が変わることに気づいている。
		〇春・夏・秋・冬の公園を比べ，それぞれのいいところを伝え合おう。 ・夏は暑いけど虫捕りができて面白いな。 ・秋は木の実がたくさんとれる季節だね。	☆季節の変化と自分たちの生活のようすのかかわりを振り返り，それぞれの季節のよさを表現することができる。

4　活動の展開と指導・支援のポイント

（1）ネイチャーゲームの役割と意義

　全体で行った「耳すまし」「アリの目になって」「くさずもう」「しぜん色おに」「しぜんビンゴ」の5つの活動がネイチャーゲームの手法を生かして行われ，自然とのさまざまな触れ合い方を知るきっかけとなっている。

　「アリの目になって見てみたら，青いお花を発見したよ」と直径1cmに満たない小さな花を見つけてうれしそうに知らせる子どもや，草ずもうで友達に勝つために夢中になって強そうな草を見つけ，次々と友達に勝負を挑む子どもが現れるのである。

　このように，ネイチャーゲームは，子どもたちに自然とのさまざまな触れ合い方のきっかけを与え，「もっと行きたい」「もっと遊びたい」という思いを高める役割をもっている。

以上のように，ネイチャーゲームは，子どもたち一人ひとりの思いや願いが生まれるための効果的な手立てとなっている。

(2) ビンゴカード

　ビンゴカードには「つめたいもの」「あたたかいもの」「においがするもの」「おとがするもの」など目で見ただけではわからないものや，触れたり，しっかりと確かめないとわからない項目なども意図的に設けられている。

　たとえば，子どもたちの記述は，「砂場のひなたのほうは暖かくて，日陰のほうは冷たい」「砂の下のほうは冷たい」など，同じ季節の同じ砂場でも，冷たいと暖かいの違いがあることに気づく姿が見受けられる。木々や葉のにおいを嗅いで，「苦いにおいがする」「すっきりとしたにおいがする」など，じっくりと自然にかかわろうとする子どもたちの姿も見られる。振り返りにおいても，このビンゴカードは子どもたちにとって大きな意味をもっている。

　すなわち，子どもたちの気付きは，ビンゴカードの視点に基づいて，目（視覚），耳（聴覚），鼻（嗅覚）をもとに振り返り，ただ漠然と季節を感じるのではなく，自分の体のいろいろなところを使って自然を感じたことを自覚するようになる。

　このビンゴカードの利用は，ネイチャーゲームと同様に自然とのさまざまな触れ合い方を知るきっかけとなっている。このことは，気付きの質を高めるための適切な方法と言える（第16章p.170参照）。

5　子どもの言葉から自然とのかかわりを見とる評価活動

　単元の評価規準として，①主体的に学習に取り組む態度の項目においては，「身近な自然に関心をもち，観察したり遊んだりして，楽しく生活しようとしている」とした。②思考・判断・表現の項目については，「四季の変化，季節によって生活のようすが変わることについて考えたり，振り返ったりしてそれらを自分なりの方法で表現している」とした。③知識・技能の項目については，「四季の変化や季節によって生活の様式が変わること，それらと自分と

のかかわりに気づいている」とした。

　たとえば，繰り返し同じ公園を訪れることで，「前に行ったときにうまくできなかったから，次にまたやってみたい」という思いが生まれたり，「このあいだは聞こえていた虫の声が聞こえなくなっているね」といった具合に，季節の変化に目が向けられるようになったことがうかがえる。このような観点をしっかりと評価することが必要である。

　さらに，活動後に気づいたことを伝え合う機会を設けることにより，友達の自然とのかかわり方を知り，楽しかった感動を共有するだけではなく，さまざまな場所で見つけた季節の特徴や季節の変化によって，自然のようすが変わるなどの気付きを共有できることについても評価しなければならないのである。

　また，これまでの活動について，絵や文章，学習カードにまとめることを重視しているが，ここでは，スライドショーによって前時までの活動を振り返ったり，あらかじめ教師が写しておいた画像などを提示したり，さらにはワークシートの記述を十分活用しながら，確かな気付きの評価につなげることが必要である。

6　実践へのメッセージ

　ここで取りあげた四季を軸にするような内容の単元では，他の内容との関連を十分に図ることが必要であり，そこでは年間を通して継続的な活動を進めていくことがポイントとなる。

　単元を構成する主たる内容としては，内容(5)の「身近な自然を観察したり，季節や地域の行事に関わったりするなどの活動を通して，それらの違いや特徴を見付けることができ，自然の様子や四季の変化，季節によって生活の様子が変わることに気付くとともに，それらを取り入れ，自分の生活を楽しくしようとする」であるが，特に内容(3)の「地域と生活」，内容(6)の「自然や物を使った遊び」，内容(7)の「動植物の飼育・栽培」，内容(8)の「生活や出来事の交流」などの扱う内容とも十分関連をもたせ，創意工夫ある指導計画を作成することが大切である。

たとえば，「なつとともだち」の単元においては，内容(5)，内容(6)，内容(7)の関連をもたせるために，次のような単元の目標を設定することもよい。「夏の公園や校庭で友達と遊んだり，動植物，水，土，砂などの自然を利用して工夫して遊んだりして，遊ぶ面白さや自然の不思議さに気づき，みんなで遊びを楽しんだり，自分たちの生活を楽しくしたりすることができるとともに，公園や校庭がみんなで使うものであることがわかり，安全に気をつけて正しく利用することができる」。

　さらに1年生においては，発達段階への考慮からも，子どもたちの身の周りの自然とかかわりながら遊ぶことを中心として，四季を通じて季節感を身につけさせることが重要な視点として挙げられる。

　具体的には，1年生入学からの「校庭探検」からスタートし，「春の遊び」「夏の遊び」「秋の遊び」「冬の遊び」「1年間の振り返り」といった具合に継続的展開が必要である。

ポートフォリオ評価法

　ポートフォリオ（portfolio）はイタリア語の「紙挟み」を語源としており，画家や建築家などが，自分の作品の価値を相手に理解してもらうために，関係する資料や作品そのものを資料として「紙挟み」にしてファイルし持ち歩いたことに由来する。

　ポートフォリオ評価法は，1980年代アメリカにおいて急速に普及した評価法であり，パフォーマンスに基づく評価（performance based assessment），真正の評価（authentic assessment）の代表例である。

　学習の実際において，学習者が自身としてどのようなことに対して努力し，その結果としてどのような成長が見られたのか，どのような達成が見られたのかなどについての証拠となるものを系統的に継続的に収集したものがポートフォリオである。したがって，このポートフォリオは，学習者の作品，自己評価の記録，教師の指導と評価の記録が中身であり，容器として，フォルダーやファイル，箱，棚などが使用される。

　ポートフォリオ評価法の原則としては，まず，ポートフォリオづくりは子どもと教師との共同作業であり，子どもと教師が具体的な作品を蓄積することである。その過程においては，蓄積した作品を並べかえたり，取捨選択を繰り返し，整理することが必要である。

　また，ポートフォリオを用いて話し合う場面，いわゆるポートフォリオ検討会を学習のはじまり，途中，締めくくり（統括）の各段階において設定する。このことによって子どもの学習に対して広がりと深まりを与えることができる。

1　事例において子どもたちの気付きの質を高めるための工夫として，ネイチャーゲームやビンゴゲームが取り入れられているが，その具体的な効果は何か。

2　四季を軸とするような内容の単元は，生活科以外の教科（国語科や音楽科），特別活動，さらには生活科の他の単元内容との関連が重要である。このことについて要約しよう。

より深く学習するための参考文献
・藤本和典『子どもと楽しむ自然観察ガイド＆スキル――虫・鳥・花と子どもをつなぐナチュラリスト入門』黎明書房，2004年
・水山光春編著『よくわかる環境教育』ミネルヴァ書房，2013年
・荻原彰『アメリカの環境教育――歴史と現代的課題』学術出版会，2011年

第4章

栽培活動で扱う教材内容

　植物の栽培は長期にわたっての学習であり，そこでは子どもたちの日常的，継続的なかかわりが重要になる。植物の成長を楽しみながら，子どもたち自身がその成長のようすをしっかりと把握し，栽培の環境や栽培の方法を工夫，改善するためにはどのような配慮が必要であろうか。

　本章では，学校園での活動をもとに植物の成長の変化への気付きに主眼をおいて，観察や表現を重視した活動をもとに考えてみたい。

キーワード

栽培活動　変化への気付き　観察学習　生命体　予定性を外れた意外性

1　植物の栽培を通して成長の喜びや生命の尊さについて理解する単元

　子どもたちを取り巻く環境は大きく変化し，日常生活の中で土に触れたり，植物を育てる機会はひじょうに乏しいものとなっている。いわゆる自然との直接体験が少なくなっている状況なのである。

　しかしながら，子どもたちが植物，動物，さらには自然と触れ合い，かかわり合うなかで，生命への尊さや，親しみをもつためには，継続的な動植物の飼育・栽培の体験が必要不可欠である。

　現行の「小学校学習指導要領」改訂にあたっても，内容(7)の中で「生命の尊さを実感する学習活動」が示されているが，植物の栽培は，まさにこのこ

とを目指しているのである。

　学習指導要領の生活科では，内容(7)「動植物の飼育・栽培」において，「動物を飼ったり植物を育てたりする活動を通して，それらの育つ場所，変化や成長の様子に関心をもって働きかけることができ，それらは生命をもっていることや成長していることに気付くとともに，生き物への親しみをもち，大切にしようとする」と述べられている。

　栽培を通した学習は，生命体である植物の成長の過程の中で，子どもたちの「生きる力」を育むことのできる学習であり，植物の育ちの変化を通して，子どもたちが多くのことを学ぶ点で，他の教材にない固有の教育的意義を見出すことができる。

　具体的には，継続的に植物を育てることで，植物の日々の成長，変化に，子どもたちが生命の営みを実感することができるであろうし，その過程において多くの気付きが生まれる。「何が出てくるのかなぁ～」「たねの形がいろいろあるね」「何日で花が咲くの？」といった具合に，子どもたちは植物への親しみをもちながら，育てることへの楽しさ，喜びを十分味わえるのである。

　飼育栽培活動は2学年にわたって取り扱われることになっているが，1年生で継続的に学習したアサガオの栽培の体験をもとにして，2年生では，栽培の専門家である農家の方などとの交流や，図鑑や資料などを用いて，疑問に思ったりしたことを調べたりして，さらに積極的な学習活動へと進めていく継続的な単元として位置付ける必要がある。

　さらに，ただ単に植物を育てるということではなく，注意深く観察しながら育てることによって気付きの質の高まりが期待できるのである。

2　植物の成長の変化への気付きを重視した単元の目標

　ここで，事例として紹介する授業実践は，第1学年生活科学習指導案「はないっぱいになあれ」(川崎市公立小学校の実践)全17時間である。この実践は，学習指導要領においては，内容(7)の「動物を飼ったり植物を育てたりする活動を通して，それらの育つ場所，変化や成長の様子に関心をもって働きか

けることができ，それらは生命をもっていることや成長していることに気付くとともに，生き物への親しみをもち，大切にしようとする」ならびに，内容（6）の「身近な自然を利用したり，身近にある物を使ったりするなどして遊ぶ活動を通して遊びや遊びに使う物を工夫してつくることができ，その面白さや自然の不思議さに気付くとともに，みんなと楽しみながら遊びを創り出そうとする」を受けて実践されたものである。

この授業実践は5月第2週以降に行われており，子どもの実態として，入学当初の緊張もほぐれ，友達とのかかわりも出てきた頃であり，天気がよい日には，教室を飛び出し，元気よく校庭で遊んでいる状況である。

「校庭でダンゴムシを見つけたよ」「ツツジの花が咲いてたよ。蜜がおいしいよ」と自然や生き物に対して興味・関心をもつ子どもの姿が見えるようである。

そこで，自分自身で植物の種をまいて育てることによって，それらの成長の変化に気づき，植物を育てる活動を通して，植物も自分たちと同じように生命をもっていることを感じ取るとともに，親しみをもって世話をすることができるようにすることをねらいとして単元の目標が設定されている。

3　植物の成長の変化への気付きを重視した内容と単元計画

生活科第1学年「はないっぱいになあれ」の単元（全17時間）である。

小単元は「たねまき」（6時間），「草花の世話」（3時間），「成長の観察」（5時間），「たねとり」（2時間），「球根の植えつけ」（1時間）で内容が構成されている。

ここでは，アサガオの世話をし，成長の経過をしっかりと確認しながら，学校園や校庭のさまざまな草花に興味を示したり，実際に摘んで押し花にしたりする活動を繰り返し行っている。これらの体験のなかで，身近な草花の成長を楽しんだり，美しく咲く花を楽しんだりして，草花を愛し，生き物を大切にしたいという気持ちが深まるように配慮されている。

また，1人1鉢のアサガオをはじめ，自分たちが学校園に種まきをして育てているホウセンカやマリーゴールド，コスモス，ヒマワリなどの植物が成

長していく過程においては，一生懸命世話をすることによって，その変化を十分把握できるように設定されている。

　さらに，植物の栽培にとどまらず，花摘み，押し花，押し葉，ドライフラワーの作成など花の楽しみ方を広げる工夫がなされている。

　以下，単元計画を表にして示したい。

表1　単元計画「はないっぱいになあれ」(全17時間)

次	時	おもな学習活動	・支援　☆評価
1 たねまき（6時間）	1	○校庭をさんぽして，春の花を見つけよう。 ・サクラの木がきれいだったよ。 ・入学式の時に咲いていたサクラと違うサクラの花が咲いているよ。 ・菜の花がいっぱいあったよ。 ・ナズナ，タンポポ，シロツメクサを見つけたよ。	・校庭の周りや希望の池の周りなど，広い範囲の中から見つけられるように声をかける。 ・グループで活動することにより，興味をもって花を探せるようにする。 ・見つけた花をもとに栽培への関心がもてるようにする。
	2	○見つけた花で押し花などを作ろう。 ・パンジーの押し花を作りたいな。 ・摘んだ花を教室に飾りたいな。	・花を楽しむ方法を考えさせ，押し花を作ったり，生花を飾ったりする経験をさせる。 ☆植物の栽培について関心をもち，きれいな花を咲かせたいという願いをもつ。
	3	○種を観察しよう。 ・マリーゴールド，ホウセンカ，コスモス，ヒマワリ，ニチニチソウ，アサガオ……種の形がみんな違うね。 ・種をまいて，花を育ててみたいな。	・2年生からもらった種を思い出して，アサガオ以外にも自分たちで育ててみたい花を考えさせる。 ・種を見たり，触ったりしてじっくりとかかわれるようにする。 ☆植物によって種の形や色が違うことに気づく。
	4	○アサガオの種をまこう。 ・自分の名前が書いてある植木鉢にいくつ種をまけるかな。	・シャベルは，子どもが使いやすいものを準備する。 ・汚れてもよい服で活動するようにし，終わった後は，きれいに手を洗うようにさせる。 ・植木鉢の横に付属しているジョウロで，自分で毎日水やりができるようにする。 ☆植物の育ち方に関心をもつ。 ☆植物の世話について考えることができる。
	5 6	○パンジーの押し花でしおりを作ろう。 ・春に作った押し花を使って，しおりを作ろう。 ○校庭にある花を使って，ほかにも遊び方	・出来上がった押し花で子どもが自分でしおりを作れるように，材料を準備しておく。 ・経験をもとに，校庭にある他の植物にも興味をもつようにさせる。

		を考えてみよう。	
2 草花の世話（3時間）	7	○双葉の観察をしたり，水やりをしたりしよう。 ・芽が出てきたよ。 ・いっぱい水やりをして，早く大きくなってほしいな。	・芽や葉に実際に触れさせ，体験的な気付きを引き出す。 ・朝の会や帰りの会などで，アサガオのようすを伝え合うことができるようにする。 ☆発芽した喜びなどを言葉や絵，文などで表現することができる。
	8 9	○工夫して育てよう。 ・私のアサガオは，元気がないな。どうしたらいいんだろう。 ・たくさん葉っぱが出てきたよ。 ・つるが伸びてきたら，友達のアサガオにからみついてしまったよ。	・つるが伸びてきたら，子どもたちのさまざまな気付きを大切にしながら，支柱を立てるなどの活動に結びつける。 ☆水やりや草取りをして大切に世話をしている。 ☆発芽などの大きな変化や成長のようすに気づいている。
3 成長の観察（5時間）	10	○アサガオの花の観察をしよう ・つぼみがだんだん膨らんできたよ。 ・何色の花が咲くのかな。 ・いくつ咲いたか数えてみよう。	・つぼみが次第に膨らんで変化していくようすを観察させ，開花への期待がもてるよう励ます。 ・実際に花に触れてみて観察するようにさせる。 ・アサガオの高さや花，葉の大きさを自分の手や指と比べるようにさせる。 ☆開花など成長の大きな変化に気づいている。 ☆成長のようすを絵や文で表現することができる。
	11 12 本時 （1・4） 13 本時 （1・1）	○アサガオや他の花を使って色水遊び（たたき染め，折り染め，押し花など）をしよう。 ・前にやったみたいな押し花を作ってみたいな。 ・色水を作って，紙を染めてみたいな。 ・ドライフラワーは作れるかな。 ・しおりを作りたいな。 ・学校探検の時に教えてくれた先生にもプレゼントしたいな。	・しぼみかけた花を使うようにする。 ・色水をどのように使いたいのかを考えさせる。 ・遊び別にコーナーを設けて，活動できるようにする。 ・作品に一工夫することで，生活に使えるものやプレゼントになることに気づかせる。 ・作品を発表し合い，それぞれの友達のよさに気づかせる。 ☆アサガオだけでなく，他の植物も使って色水遊びなどを楽しむことができる。 ☆花を使った遊び方を工夫している。 ☆花や色水を使って，作品づくりを考えている。 ☆自分や友達の作った作品を楽しんだり，お互いのよさに気づいたりしている。

	14	○成長の喜びを言葉や絵，文で表現しよう。 ・がんばって水やりをしたから，きれいな花がさいたよ。 ・私も，アサガオと一緒に成長したよ。	☆成長のようすを絵や文で表現することができる。
4 た ね と り （2時間）	15	○できた種を観察しよう。 ・たねの色がだんだん変わってきて，かたくなってきたよ。 ・一粒だった種が，こんなに増えたよ。	・種が変化していくようすにも気づかせるようにする。 ・はじめは一粒だった種が何粒に増えたのかを数える活動を取り入れる。
	16	○できた種を収穫しよう。 ・来年の1年生にもアサガオの種をあげたいな。 ・マリーゴールドやヒマワリの種と比べてみたいな。	・十分に乾燥させてから保管するようにする。 ☆たくさんの種ができたことを意識しながら種とりをしている。 ☆植物も生命をもっていることや成長していることに気づいている。
5 球 根 の 植 え つ け （1時間）	17	○春にアサガオを育てた経験や草花の観察をしたり，遊んだりしたことを思い出して，自分が決めた球根を植えよう。 ・花がたくさん咲くものがいいな。 ・水やりを忘れずにやって，大切に育てたいな。 ・きれいに咲くといいな。	・児童の希望を聞き，花の種類や色を決めさせるようにする。 ☆植物の栽培について関心をもち，きれいな花を咲かせたいという願いをもつ。

4　活動の展開と支援のポイント

（1）花の楽しみ方を広げ，深めるための工夫

　この単元では，花を楽しむ思いが深められるように，押し花を使ってしおりを作る共通体験が取り入れられている。自分が自ら摘んだ花を使って，しおりができることにより，子どもたちが，「アサガオが咲いたら，押し花にしたい」「アサガオでもっと楽しいことができないかなぁ」とこれから成長をとげ，開花するアサガオの花に，楽しみと大きな期待をもって栽培に取り組めるように配慮されている。

　また，初夏に花が咲き始めたら，押し花のしおりづくり，花の汁の色染め，たたき染めなど子どもたちの手で楽しめる遊びや，それを使っての作品づくりが設定されている。このことでも「花って楽しいね」「こんなことでもできるんだ」という思いが広がっている。

（2）生活に生かす，成就感の体得

　「花を家に持って帰りたい」「用務員さんに摘んだ花をプレゼントした」という子どもたちの発言が出てくることが予想される。花を育て咲かせた体験がその場だけで終わることなく，子どもたちのなかで発展的に捉えられていることである。

　子どもたちに達成感や成就の喜びを深く，強く感じさせる方法として，子ども自身の達成や成就の意識と，この達成や成就に対する，親や教師などの賞賛とを適切に結びつけることが挙げられる。

　この授業実践では，花で遊ぶ活動を楽しんだ後，この楽しみを発展させ，「おみやげを作ろう」と，子どもたちに投げかけてみることによって，花の楽しみを誰かと共有しようとする姿が映し出されている。子どもの達成や成就の喜びは子どもたちのまわりの人々から認められることによって倍加していくのである。

5　子どもたちの観察や表現を重視した評価活動

　単元の評価規準として，①主体的に学習に取り組む態度の項目においては，「植物を育てることにより，変化や成長のようすに関心をもち，最後まで責任をもって世話をしたり，親しんだりして大切にしようとする」とした。②思考・判断・表現の項目については「植物が育ちやすい環境を考えたりつくったりすることができる。植物の成長についてわかったことを他の人にもわかりやすいように表現することができる」とした。③知識・技能の項目については，「植物が生命をもっていることや成長していることに気づいている」とした。

　たとえば朝の会や帰りの会などでアサガオのようすを伝え合う機会を提供したり，成長のようすを，発芽，つるの伸び，開花，種子ができるなどステージごとに言葉や絵，文書などで表現できる場面を積極的に取り入れている。

　また，教師が一人ひとりの子どもが興味をもって活動した遊びを調べ，支援シートにまとめ，そのことを踏まえて，必要な支援を考え，次回からの授業に生かす工夫もみられる。これらは，子どもたちの学習のめあてが達成で

きるための手立てであり，指導と評価のよりよい方向性が示されている。

以下に学習活動における具体の評価規準の表を示そう。

表2　評価規準表

	ア　知識及び技能	イ　思考力・判断力・表現力等	ウ　主体的に学習に取り組む態度
内容のまとまりごとの評価規準	植物も自分と同様に生命をもっていることや成長していることについて気づいている。	工夫して植物の世話をし，成長のようすを表現することができる。	植物の変化や成長のようすに関心をもち，親しんだり大切にしようとしている。
単元の評価規準	植物が生命をもっていることや成長していることに気づいている。 植物への親しみが増し，継続して自分で世話ができるようになったことに気づいている。	植物が育ちやすい環境を考えたりつくったりすることができる。 植物の成長についてわかったことを他の人にもわかりやすいように表現することができる。	植物を育てることにより，変化や成長のようすに関心をもち，最後まで責任をもって世話をしたり，親しんだりして大切にしようとする。
学習活動における具体の評価規準	①植物によって種の形や色が違うことに気づいている。 ②発芽や開花などの大きな変化や成長のようすに気づいている。 ③自分の友達の作品を楽しんだりお互いのよさに気づいたりしている。 ④植物も自分と同様に生命をもっていることや成長していることに気づく。	①発芽した喜びなどを言葉や絵，文などで表現することができる。 ②成長のようすを絵や文で表現することができる。 ③花を使った遊び方を工夫している。 ④花や色水を使った作づくりを考えている。	①植物の栽培について関心をもち，きれいな花を咲かせたいと願っている。 ②水やりや草取りをして大切に育てる。 ③アサガオだけでなく，他の植物も使って色水遊びなどを楽しむことができる。 ④たくさんの種ができたことを喜びながら種取りをしている。

注）新しい評価規準の文言により一部修正した。

6　実践へのメッセージ

植物の栽培を通した学習は，日常継続的に子どもたちがかかわっていく学習である。子どもたちは生命体を教材として，生命に直接触れ，生命を感じ，慈しみ，優しさを体感し，生命の不思議さを感じることができるのである。

このことは，生活科の教育においてもひじょうに特色のある学習内容として位置付けられる。しかしながら，植物を教材として取り扱うことは，授業実践においてさまざまな配慮が必要である。

　1つは，どのような植物を教材として取りあげるかの問題である。

　植物の栽培についての学習においては，何がもっとも考慮する価値のある教材かを見きわめなければならない。

　学校のおかれた地域の環境，状況の中で限りはあるが，なるべく身近な植物を教材にすることによって，子どもたちは大きな興味・関心を抱くのである。その学校，そのクラスなりの特色をもった栽培の学習が展開されることが望ましい。

　ここでは，教員の独創性と地域に根ざした教材から，教育内容を十分に検討することが必要である。

　2つは，予定性を外れた意外性の体験を大切にすることである。

　植物の栽培学習の過程においては，植物の種まきから始まって，収穫にいたるまで，見通しをもって目的に向かい，周到な計画を立てて進めていかなければならないが，相手が生き物であるため，計画通りにいかない場面に遭遇することも多い。実際に種をまいても，発芽してこなかったり，大風のために倒れたり，折れたりと，子どもたちは栽培の過程において多くの思わぬことに出くわすのである。

　植物の栽培は予定性を外れた意外性を十分に持っているのである。

　このような場面を，教師が十分に理解し，さまざまな子どもたちへの支援に生かされなければならないのである。

確認問題

1　植物の栽培を通した学習はどのような特徴をもっているか。

2　事例において，子どもたちに達成感や成就感を深く強く感じさせるために工夫している点はどのようなことか。

3　植物の栽培学習の過程における子どもたちの予定性を外れた意外性の体験とはどのようなことか。

より深く学習するための参考文献
・鹿毛雅治・滋賀大学教育学部附属小学校『ともに学び自ら伸びゆく子どもが育つ授業デザイン』教育出版，2011年

第 **5** 章

動物飼育で育む命の学習

　社会状況の変化によって，子どもが命あるものに触れる機会が減少している。そこで，動物への親しみや愛着を育て，継続的にかかわることの意義と，そのねらいについて解説した。また，動物飼育にかかわる時間を確保する方法として，他教科等との合科・関連的な学習を取り入れた単元計画とその展開の工夫や，生活科として欠かせない生命を実感している姿の評価についても解説した。

キーワード

　動物飼育　親しみや愛着　継続的なかかわり　合科・関連的な学習
生命を実感している姿の評価

1　動物の命に触れ，思いやりの心を学ぶ

(1) 動物を飼育する体験の大切さ

　子どもを取り巻く社会状況や自然環境の変化によって，子どもの遊びが屋外から室内へ，自然の物や場を使ったものから電子ゲームなどのバーチャルなものへと変化し，命あるものを意識できる機会が少なくなっている。また，鳥インフルエンザや口蹄疫などの動物感染症が発生し，アレルギーの問題などによって，子どもが生き物から遠ざけられるにようになっており，動物を世話して育てるといった経験が少なくなっている。このような現状を踏まえ，自分たちで昆虫や水生生物，小動物や大型動物などを飼育する活動は，命あ

るものに触れ，生命の尊さを実感することができる価値ある内容であり，生活科の学習でぜひとも体験させたいものである。

　動物飼育の活動は，動物との出会わせ方を工夫することで，「動物を飼いたい」「育ててみたい」という子どもたちの願いを，比較的容易に生み出すことができる活動でもある。しかし，教師にとっては手間もかかり，命あるものを取り扱うことでもあるため，それなりの覚悟が必要な学習活動である。また，子どもたちにとっては，自分が飼っている動物が今日はどうしているかと，そのようすに興味・関心をもち，毎日が驚きと発見の連続である。そして，世話をすることを通して心を通わせ，次第に親しみや愛着をもつようになり，たくさんの気付きが生まれ，命あるものとしてともに生きる動物に対する思いやりの心や，生命を尊重しようとする態度が育っていくのである。

（2）継続的に動物にかかわる飼育活動を行うこと

　動物飼育にかかわる内容は，植物の栽培とともに，生活科の発足から大切にされてきた活動である。現行の「小学校学習指導要領」の改訂においても，内容（7）で「動物を飼ったり植物を育てたり」する活動として取りあげられ，引き続き大切にされている。その中で，飼育と栽培のどちらか一方を行うのではなく，2年間の見通しをもちながら両方を確実に行っていくこと，繰り返しかかわる息の長い活動を設定することが大切である。

　継続的に飼育活動を行うことで，動物に対する親しみの気持ちが生まれ，「自分たちがしっかりお世話しないと」という責任感や，動物の立場に立って「自分たちの世話やかかわり方はどうか」と考える見方をもつことにつながり，気付きの質の高まりを期待することができる。

　動物に触れた感触や身体から伝わる体温の温かさを感じ取ることは，動物園の触れ合いコーナーで動物と触れ合う機会を設けることでもできるかもしれない。その体験自体は大変貴重なものであることは間違いないが，ただそれだけの体験では，内容（7）の動物の生命や成長に触れる学習を実施したことにはならない。動物飼育の活動では，継続的にかかわることができるように計画することが必要であり，繰り返しかかわることを通して，動物も自分たちと同じように命をもって生活している存在であることに気づき，餌をあ

げたり飼育小屋をきれいに掃除したりする活動などを通して，自分たちの働きかけが動物に伝わったり，動物のようすから自分たちの活動の喜びが感じられたりすることで，自分たちが飼っている動物に対する親しみや愛情が湧いてくる経験をもつことが大切なのである。

このような気付きや心情が育ち，動物への思いやりや命あるものを大切にしようとする態度が育つためには，ある程度の期間，継続して動物とかかわり，飼育することが欠かせない。その過程で「喜んでもらえるようにお世話したい」「毎日元気でいてほしい」といった願いをもち，その実現のために，動物のようすの変化に関心をもったり，生育環境に目を向けてお世話の仕方を工夫したりすることができるようになっていくのである。

2 生命への気付きを重視した単元構成

(1) 命をもっていることを実感するために

動物を飼育する活動は，子どもたちが日常的に生き物と触れ合い，自分たちの手で継続して世話をして動物と心を通わせ，生命の尊さを実感することができる生活科の内容として欠くことのできないものである。

この学習では，動物のもつ特徴的な体つきや動きを観察して知ることだけでなく，直接動物に触れて，そこから諸感覚を通して受け取る感じや，繰り返しかかわり継続的な世話をする過程で生じてくる親しみや慈しみの感情，命あるものを大切にしようとする態度等を育むことをねらいとしている。

そのためには，飼育する動物を何にするかが問題となる。広い意味では昆虫や水生生物，魚などの生き物も含まれるが，子どもたちが興味・関心を持続させながら飼うことができ，自分たちで世話ができるもの，そして，命があることを実感でき，生き物への親しみを感じられるように，抱くと心臓の鼓動や体温が感じられたり，ある程度の体重や柔らかな肌触りが感じられたりする小動物以上のものが適していることになるであろう。また，日々のようすの変化に気づきやすい場所で飼うことができるか，病気や衛生面での管理ができるかなど，学習の時期や期間，学校の地域環境などを考慮することも大切である。さらには，動物飼育の大切さを自覚するとともに，この学習

を通して子どもたちにどのような発見や気付きをさせ何を学ばせたいのかという教師のねらいや活動に対する意気込みが重要である。そして何よりも，子どもの思いや願いに基づいて，また，それに加えて教師のねらいを達成できるように飼育する動物を決めていく必要がある。

　継続的な飼育活動を行っていくには，当番活動として全員がかかわる機会を設けたり，休み時間等に世話をする時間を位置付けたりするなどして，一日の学校生活の中に飼育活動が生活化していくように位置付け，生活科を日々の学校生活や学習の核として取り入れていく工夫も大切である。その際，飼育活動が高学年の飼育委員会の活動としても行われている場合には，子どもたち自身の手による活動となるように，お世話の対象となる動物が重ならないように配慮することも必要である。

（2）飼育活動を起点として学びを広げ，学校生活の核としていく

　「みんなで動物を飼いたい」という思いを実現させるために，飼い方について調べ，情報を共有するなどの活動が生まれてくる。また，親しみや愛着の高まりから動物に名前を付けるための話し合いや，夏休み中の世話はどうするかといった課題も生まれてくる。さらに，お世話を次学年に引き継ぐことになれば，飼い方や「□□ちゃん」の特徴などについて伝えるための活動を展開していくことになる。このように，飼育活動を起点としてさまざまな活動やかかわりの広がりが生まれていく。

　たとえば，学年や学期のはじめに行う身体測定は，子どもたちの成長や健康を確かめるためのものであるが，そうした行事とつなげて，「□□ちゃん」の成長や健康状態を確かめ，体重を測定する活動が生まれてくるかもしれない。秤の上でじっとしていられない動物の体重を量るために，抱っこしながら秤に乗って，後から自分の体重を引くなどの方法が考え出されたりするのも，こうした場面でのことである。

　このように，学校での自分たちの生活とつなげながら，みんなで世話している「□□ちゃん」のようすに変化があったり世話の仕方に問題が生じたりしたときに，自分たちにとって切実な問題となり，その問題解決のためにドラマが生まれることになる。このような出来事が，飼育活動への意識を継続

させていくことにつながり，「□□ちゃん」とのかかわりから生まれた生活のようすやエピソードを表現する活動は，合科・関連的な学習を行うチャンスでもある。

　たとえば，国語で学ぶ文章表現の指導と関連させて，飼育活動の中で気づいたことや経験したことを書く学習を組み合わせて，活動時間を確保することもできる。また，一緒に過ごした思い出を歌にしたり，「□□ちゃん」についてわかったことを図鑑にまとめたりするなど，音楽や図画工作との合科・関連を図ることも考えられるであろう。

　このように，生活科を他教科の学習とつないで学びを広げるとともに，子どもたちが動物と十分かかわることができるように活動時間を確保し，ねらいとした気付きに迫ることができるようにしていくことが大切である。そして，飼育する「□□ちゃん」が，自分たちの学級にとって掛け替えのない大切な存在となっていくことで，「□□ちゃん」のお世話をしながら過ごす毎日を自分たちの学級や学校生活の核として位置付けていくことができる。

3　生命の大切さを学ぶ単元の目標と単元計画

単元「生きものとなかよし　──モルモット大すき！」（1年）の目標

　モルモットを飼育する活動を通して，生き物の成長のようすや住みやすい環境づくりについて関心をもつとともに，繰り返し観察したり世話の仕方を工夫したりしながら親しみや愛着をもち，動物も自分たちと同じように生命をもっていることに気づき，大切にしようとすることができる。

表　単元計画「モルモット大すき！」（9時間＋国語・音楽・学級活動）

○子どもの学習活動・予想される反応	・教師のかかわりや留意点
1 私たちも飼いたい！（1時間） ○動物を飼いたいという思いをもった児童からの提案をもとに，どんな動物が飼えるかについて話し合う。 ・動物園でウサギを抱かせてもらって，うれしかったよ！ぼくたちも，動物が飼いたいと思ったよ！	・子どもの日記や会話の中から自分たちで動物を飼いたいという思いが出てきたことをきっかけとして，何を飼うかについて話し合っていくようにする。実際に飼っている他の学年や学級を見てきたり，前年度の経験を聞いたりすることも考えられる。

2 飼ってみたいなモルモット（2時間） ○モルモットを飼うために必要な餌や世話の仕方について調べ、わかったことを飼い方カードに書いて知らせ合う。 ・モルモットなら従姉妹の家でも飼っていたよ！	・飼いたい動物の中から飼えそうな動物について調べ、自分たちで世話ができるか、餌は何か、入手可能かなどの点から候補を絞り、飼育する動物を選定していくようにする。
3 モルモットを迎えよう！（1時間） ○モルモットを飼うための場所の準備や世話をする当番を決め、モルモットをお迎えする式を開いたり、モルモットのようすを観察したりしてカードに書く。 ・目がとってもカワイイ！元気に育って、みんなと仲良く遊んでね！	・飼育するための準備を進めるなかで、調べた飼い方を具体的に確かめながら、準備を進めていくようにする。また、待ちに待ったモルモットへの思いをカードや手紙に書く時間は、国語と関連を図って時間を確保するようにする。
4 おしえてもっとモルモット（2時間） ○獣医師の方をお招きし、モルモットの飼育の仕方や動物と触れ合うときの注意点などについて教えていただく。 ・モルモットは怖がりだから、静かな場所で飼って、優しく抱っこしてあげてください。	・獣医師などの専門家の方と連携し、実際に飼育するなかで生まれた疑問点や飼い方の注意点、動物の特性などについて、話を聞いたり質問したりできるような機会を設けるようにしていく。
5 ごきげんいかが？□□ちゃん（2時間＋常時活動、学級活動） ○モルモットのようすを観察したり、抱いたり遊んだりして、気づいたことやわかったことをカードに書き、情報交換する。 ・毎日のお世話はどうですか？ 僕も掃除をがんばっているよ！ 元気そうでうれしいです ・今度、みんなで、すてきな名前を付けてあげるね！	・餌やりや飼育ゲージの清掃など、常時活動が継続的に行われるように、世話をしながら気づいたことをカードに書いてそれを掲示しておいたり、モルモットのようすを情報交換したり、名前を考えて話し合ったりするなどして、モルモットへの関心が持続するように工夫していく。 ・「モルモットに名前をつけよう！」などの案が出されたら、学級活動の議題として取りあげて考えていくようにする。
6 モルモットの□□ちゃんものがたりを作ろう（1時間＋国語、音楽） ○モルモットの□□ちゃんがやって来てからのことを振り返り、□□ちゃんとともに過ごした学級のようすを劇にして発表する。 ・僕たちの「□□ちゃん物語」をみんなに見てほしい！	・モルモットの飼育をしながらわかったことや世話をしながら起こったことを振り返り、劇に入れて発表できるようにする。また、劇づくりや歌の練習は、国語や音楽との合科の時間を使って行う。

4　動物飼育の活動の展開とそのポイント

（1）飼育活動のきっかけ

　「生き物を飼いたい」という思いは、動物に触れ合ったり生き物との楽しい経験をしたりした児童から報告されることが多い。そのような報告をきっか

けに学級全体に図ったり，他の学年や学級で飼っている生き物に目を向けさせたりするなかで,「自分たちの学級でも生き物が飼えないか」と提案したり「どんな生き物を飼いたいか」について話し合ったりすることができる。

また，動物の選定では，みんなで飼ってみたい小動物などについて調べて，自分たちで世話して飼えそうな動物をいくつか挙げる中から，餌や飼うための道具や場所，入手可能性などについて考えながら話し合い，その結果としてモルモットが子どもたちに選択されるようにしていくことが大切である。

何を飼うか，すぐにモルモットに決まればよいが，ほかの動物が飼いたいという意見がある場合は，その理由を十分聞いて話し合う必要がある。話し合うなかで飼いたいものを絞って，飼育道具の準備や入手の可能性を教師預かりとすることなどを経て，入手可能となった動物としてみんなが待望した形でモルモットに出会えるように工夫していくことが大切である。

(2) モルモットを飼うための準備と世話

モルモットを飼うための準備や世話の仕方などについては，飼い始める前に十分調べておく必要がある。実際に飼うことが決まったら，その飼い方やすみかについて調べ，わかったことをカードに書いて情報を共有し，モルモットが来るまでにこれでお世話は大丈夫というくらいに準備しておきたい。

飼育する動物を自分たちで選び，その世話の仕方について調べて，お世話当番まで決めて準備した子どもたちは，待ちに待ったモルモットの登場に大喜びするであろう。その思いや喜びの気持ちを，国語の時間と関連を図ってカードや手紙に書いて表現していけるようにしていきたい。

また，交代で当番を務めお世話をするなかで，新たに生まれてきた疑問や思ったことなどを質問し，モルモットの持つ特性や世話をするうえでの注意点などについて，獣医師の方から話を聞く機会を設けられるようにしていきたい。

そして，動物のことを大切に思っている獣医師さんがいることや，餌やりを心配して休日や休業期間中も協力してくださる保護者や教職員がいることなど，人々とのかかわりにも気付きが広がっていくようにしていきたい。

さらに，愛着の深まりとともに「モルモットに名前を付けたい」という願

いが出されたことをきっかけにして，「どんな名前がいいか」を考え，みんなで話し合って決めることによって，自分たちが飼っているモルモットへの親しみがよりいっそう増していくようにしていくことが大切である。

（3）飼育活動の振り返りとまとめの活動

　飼育期間中にモルモットを抱いたり遊んだりして気づいたことや，世話をしながらわかったことなどを書いたカードを掲示し，情報交換し合う場を設けていくとよい。このような場を設けて，他の子にも広げていきたい。

　カードを取りあげて紹介するようにすることで，互いの観察の視点や気付きを表現する方法を学ぶことができる。また，モルモットの「□□ちゃん」にとって「より快適で過ごしやすいすみか」を工夫したり，「もっと喜んでもらえるような遊び」を考えたりすることを通して，よりかかわりが深まっていくようにしていくことができる。

　このように，モルモットとかかわり継続的に世話をしていくなかで，時に，連れ出して走らせたり，抱っこして柔らかな毛並みを撫でたり，そっと顔を近づけたりしたこと。また，元気がなくなってぐったりしていたり，糞が水のようであったりして，みんなで心配したことなどもあるかもしれない。飼育活動を通してそのような経験をしたことを振り返り，「□□ちゃん」との生活をまとめて表現できるようにしていきたい。

　まとめの活動としては，一人ひとりがモルモットの「□□ちゃん」とのかかわりを綴った「□□ちゃん日記」を書く方法や，みんなで思い出を出し合って「□□ちゃん物語」を作り「劇」にして，これまで生活科の活動でお世話になった方や獣医師さん，地域の方や保護者の方，教職員などの前で発表するなどの方法が考えられる。「劇」にしていく際には，国語や音楽との合科的な学習にすることによって時間を確保することができるようにしていきたい。この劇では，「□□ちゃん」とかかわる台詞の一つひとつに，生き物の命を感じた出来事や□□ちゃんと触れ合ったときの感触など，子どもが感じた思いが込められた表現がなされていくことになるであろう。

5　生命を実感している姿を見とる評価

　子どもたちが意欲をもって取り組んでいる姿は，世話をしているようすを見るだけで判断できるが，動物飼育を通して生命を実感しているかどうかを，そのようすだけから見とることはなかなかむずかしい。

　まず，モルモットの呼び方が「□□ちゃん」へと変わった姿から，親しみや愛着が深まってきたことがわかるであろう。また，モルモットを抱きかかえたときのうれしそうな表情やしぐさ，「抱っこしたら温かだったよ」と報告する言葉の中に，生命を実感している姿を見とることができるであろう。そして，「今日は，元気がないみたいで心配」「何だか，ぐったりしているみたい」と心配して報告する姿には，動物を思いやる心が育ち，生命を大切にしようとする姿を見とることができるのではないだろうか。

　動物飼育にかかわる子どもの実際の姿の中に，このような道徳的な心情や態度が生まれ，それが表れた姿を見とることができたときに，生命を実感しそれを大切にしようとしていると評価することができるであろう。また，単元の活動内容や展開に即して，子どもたちの見せるであろう具体的な姿を想定し評価規準を作っておくようにすることで，確かな子どもの学びを見とることができる，目標に準拠した評価を進めていくことができるであろう。

6　実践へのメッセージ　──飼育環境を整え，保護者の協力を得ること

　飼育活動を進めるにあたっては，まず，活動を開始する前に動物アレルギーに関する調査を行い，アレルギーのある児童がいる場合には，その対応について保護者と確認しておく必要がある。また，鳥インフルエンザや口蹄疫問題が報じられる中，学校としての感染症などへの対応や飼育場所の環境についての配慮をしたり，獣医師などと連携を図って事前に十分相談しておいたりすることなどが必要である。

　そして，休日や長期休業期間中の世話については，保護者や教職員の協力も得ながら計画していくことが大切である。保護者の理解と協力を得るため

に，保護者会や便りなどで動物飼育のねらいや意義を説明しておくとともに，日頃から子どもと動物とのかかわりのようすを伝え，飼育している動物のようすに関心をもってもらえるようにしていくことも大切である。

　加えて，費用に関しても事前に相談しておく必要があることも忘れてはならない。ゲージなど飼育するための道具はどうするか，飼育する動物はどのようにして入手するか，費用や餌代，病気にかかった場合の治療費など，活動に必要な費用について予算化し，その支出先について目途を付けておかなければならない。学校の教育活動として年間指導計画に位置付けたり，予算を確保したり，実施に向けて関係する教職員間で相談し理解を得たりしながら，計画的に準備していくことが大切である。

確認問題

1　生活科の内容として動物飼育を取りあげるねらいについてまとめよう。

2　命の学習の面から育てる心情や態度について，道徳教育と関連付けながら述べよう。

3　飼育動物と十分にかかわる時間を確保するためにはどんな工夫があるだろうか。その手立てについて書こう。

より深く学習するための参考文献
・さとうち藍文，松岡達英絵『自然図鑑──動物・植物を知るために』福音館書店，1986年
・全国学校飼育動物研究会編著『学校・園での動物飼育の成果──心・いのち・脳を育む』緑書房，2006年

第6章

おもちゃづくりで育む科学的な見方

　この単元は，遊びや遊びに使う物を工夫して作ることで，子どもが，遊びの面白さとともに，自然の不思議さに気づくことができるようにすることを内容としている。そこで，「遊びや遊びに使う物を工夫してつくり」や「その面白さや自然の不思議さに気付き」に注目し「おもちゃづくり」の活動を通して育まれる科学的な見方について解説した。

キーワード

　面白さ・不思議さ　科学的な見方　製作活動　問題解決学習

1　作って遊ぶ面白さ・自然の不思議さ

「小学校学習指導要領」の生活科内容 (6) では，「身近な自然を利用したり，身近にある物を使ったりするなどして遊ぶ活動を通して遊びや遊びに使う物を工夫してつくることができ，その面白さや自然の不思議さに気付くとともに，みんなで遊びを楽しみながら遊びを創り出そうとする」としている。ここでのおもな活動は，身近にある物を利用したり，身近にある物を使ったりなどして，遊び自体を工夫したり，遊びに使う物を工夫して作ったりすることである。すなわち，自然に働きかけ，作ったり，遊んだりする活動を一体的に扱うとともに，その面白さや自然の不思議さから科学的な見方ができるようにすることである。「自然の不思議さ」とは，自分の見通しと事実が異なったときに生まれる疑問や自然の事物・現象の中できまりを見つけることな

どである。「ゴムを強くしたら高く飛んだ」「風の向きによって風輪の動き方が違う」「磁石で魚つりをしたらうまく付いた」などはその例である。身近な物を使い，作り，遊ぶ一連の活動を通して，面白い動き，発見，驚きから自然の不思議さに気づいていく。また，形や色，光，音などによる自然現象や事象から，子どもに与える不思議さもある。

　一方，「作ったり遊んだりの面白さ」とは，遊びに浸り没頭する遊び自体の面白さであり，遊びの約束やルールを変えながら，遊びを工夫し遊びをつくり出す面白さ，友達と一緒に遊ぶことの面白さである。遊びながらおもちゃを動かし動きの違いを楽しみ体感していくなどはその例である。

　物を工夫して作ったり遊びを工夫したりする活動を通して，遊びの面白さ，自然の不思議さを実感する単元構成や学習環境を整えることは，中学年以降の理科学習の素地につながっていく。

2　おもちゃづくりの活動を通してのかかわり方

　この単元では，「身近な自然や物とのかかわり」「面白さと不思議さ」「工夫して作り遊ぶ」がキーワードになる。そこで，それぞれのかかわり方について考えてみることにする。

（1）身近な自然とのかかわり

　身近な自然とは，子どもが取り巻く自然の中から，子どもが自分の遊びの目的のために選択した自然のことである。これらは，地域の特色や実態によって違い，多様な自然を通して扱える場がある。学校のまわり，林，土手，広場，公園，小川，田畑や近隣の丘，山，海などが対象として挙げられる。身近な自然を背景に自然物を使った物を作ったり，遊んだりする活動は，子どもたちにとって，自然を意識する大きなきっかけとなる。たとえば，きわめて身近な自然の中から，樹木・草花・木の葉などを有効活用しながら，草花を使って自分で身に付けるものを作る，ドングリ使ってコマを作る，容器に木の実などを入れ音の出るおもちゃを作る，木の葉で昆虫などを作るなど活動が考えられる。身近な自然の中で，子どもが全身を使って自由に楽しく作

り遊ぶ活動させる機会を設けることは，この単元の内容のねらいの一つでもある。また，雲，雪，氷，影，水，雨，風などのさまざまな自然現象・条件から，雲の形の変化，雪遊びや氷遊び，影踏み遊びなどをはじめとして，水や雨と仲良くしたり，風を楽しんだりする活動が考えられる。

(2) 身近な物とのかかわり

　ここでいう身近にある物とは，日常生活の中にあるさまざまな物の中で，子どもが遊びを工夫したり，遊びに使う物を作ったりするために使おうと選びだす事物のことである。たとえば，紙や段ボール，ひも，空き缶，ペットボトル，牛乳パック，紙コップ，輪ゴム，などが挙げられる。日ごろ必要でないと思う物であっても，子どもにとっては作る喜びや遊ぶ楽しさの材料となる。室内ゲームや電子ゲームで遊ぶものとは違って，自然そのものが不思議さをもっているため，子どもが目的意識をもったり，作ったりすることなどに興味・関心をもつことができる。ゴムで動くおもちゃ，風で動くおもちゃ，磁石で動くおもちゃ，バランスで動くおもちゃ，おもりで動くおもちゃなどのさまざまな働きが見えるおもちゃづくりを取り入れると活動が広がり面白い。また，子どもの経験は限られており，身近な人たちとの交流を通して，自然物や身近な物を活用しながら伝統的なおもちゃづくりに挑戦してみることもよい。

(3) 作って遊ぶ面白さや自然の不思議さに気づく

　身近な自然や物は子どもたちの遊びの格好の素材である。子どもは，これらを使って創意工夫しながら作り，遊びに発展させていくのである。その活動は，動くおもちゃを作って遊ぶ，色水を作って遊ぶ，風と一緒に遊ぶ，石や砂で遊ぶ，草花で遊ぶ，雪や氷で遊ぶ，空気で遊ぶ，磁石で遊ぶなど多様である。作って遊ぶ活動を通しては，「なぜ？」「そうだったんだ」「ここが同じでここが違う」「遊びは楽しい」など，子どもたちが遊びの面白さや自然の不思議さなどを実感できるようにすることである。その際，できる限り実物や本物に触れさせ，そこから気づいたことの感動を大切にさせたいものである。「おもちゃを作る」という活動の中では，作る過程が大切である。材料集

め，ものづくり，遊びなどのさまざまな過程の中で個々の子どもの思いや願いは当然違う。作って遊び，その遊びから工夫して新たに作る，この試行錯誤を重ねることにより気付きの質を高めていくのである。

（4）みんなで遊びを楽しむ

　子どもにとって遊びは楽しいものである。そこに友達とのかかわりがあるとさらに楽しいものとなる。友達とのかかわり合いを通して，約束やルールが大切なこと，それを守って遊んでいくと楽しいことに気づいていく。また，友達のよさや相手を思いやったり，違いに気づいたりすることができる態度が身についたりするなど，自分自身への気付きを深めていくことにもなる。

　さらに，「遊ぶ」活動を通して，ルール，役割，責任などに気づかせていくこともできる。おもちゃを動かし楽しいと気づいたら，今度は友達と一緒に動かし，動きを比べながら遊ぶ楽しさもある。その際，安全に留意し，子どもの自由さ，柔軟な活動が表出できるよう配慮していく必要がある。

3　動くおもちゃづくりを通して気付きを促す単元計画

　近年，ゲーム機が普及し，子ども同士がおもちゃを作り，友達同士一緒に遊ぶという機会が減ってきている。そこで，身の周りにある材料を利用して，自分でおもちゃを作り遊ぶ活動を通して，作る楽しさを味わうとともに仲間と遊ぶ楽しさを実感させたい。必要な材料を自分で集め，動力の基となるものを意識し工夫して作らせ，作ったおもちゃを試したり，改良したりしながら繰り返して遊ぶ活動を通して，科学的な見方を養っていく。計画にあたっては，子どもの意識に沿った計画，感覚で身につけた科学的意味を気づかせ価値付けしていくなど，問題解決的な学習が展開されるよう配慮する。

単元計画例（11時間）
　〇単元名　「おもちゃフェスティバルをひらこう」　2年
　〇目標　身近にある物を使って動くおもちゃを工夫して作り，その面白さに気づいたり，遊び方を考えたりしてみんなで遊びを楽しむことができ

る。

表　単元計画「おもちゃフェスティバルをひらこう」(全11時間)

時	おもな学習活動	指導上の留意点
第1次（2時間）	☆手づくりおもちゃであそぼう ・教師が提示した手づくりおもちゃを動かして面白さを実感する。 ・ゴムで動く，風で動く，空気で動く，ひもで動く，磁石で動くなど「動くもと」を友達と話し合ったり，工夫したりして楽しむ。	・どのようにして動くのか，どのように動かすのかをとんだり，はねたり，走ったりなどいろいろな動きをするおもちゃで遊びながら体感させる。 ・子どもに選択・決定させる。
第2次（5時間）	☆おもちゃを作ってあそぼう ・手づくりおもちゃを自分で工夫して作り，動かして遊ぶ。 ・提示されたおもちゃを選び，自分で作って動かす。 ・いくつかのおもちゃを作って動かす。 ・よく動く動かし方を友達と工夫する。	・作り方や動かし方など友達と比べさせる。 ・製作時間を十分保障する。 ・どのようにして作ったか，お互いに教え合い遊ばせる。 ・作る→試す→工夫・改良などをさせ，繰り返し活動させるようにする。
第3次（2時間）	☆みんなで遊ぼう ○手づくりおもちゃをみんなで動かし，楽しく遊ぶ。 ・友達と一緒に遊び，速い動き，面白い動きなどを比べてみる。	・用具の扱い，遊び方についての安全配慮をする。 ・思い通りに動かすために，もっと工夫，改良するところはないか教え合わせる。
第4次（2時間）	☆おもちゃフェスティバルを開こう ○遊び方のルールなどを決めて，みんなで楽しく遊ぶ。 ・自慢したいところ，工夫点を発表する。	・必要なルールや約束について話し合う。

　手づくりおもちゃの面白さは「動き」である。子どもが予測できない動きが出てくるからである。この「動き」を基に思いや願いをもって，すぐに作ってみたい，すぐに動かしてみたいという欲求が生まれる。それを解決させるためには，さまざまな手立てが必要である。①作り，動かす，遊ぶという活動は狭い場所では十分な活動が期待できない。そこで，子どもが主体的に活動できる場の設定をする。②「作る→動かす→試す→工夫・改良」といった一連の繰り返すことにより，動く仕組み，作り方や動かし方に気づいたり，科学的な見方ができたりすることから，計画にあたっては，活動時間の保障をする，などである。この製作活動で重視したいことは，「比べる」「繰り返

す」「試す」などである。「比べる」ことで相違点や共通点に気づいたり，「繰り返す」ことで新たな疑問が生まれたりする。これらの活動を繰り返し，人とのかかわり，物とのかかわり，何度も対象にかかわらせることが大切である。これは気付きを広め，深めることになる。まさしく，生活科における問題解決的な学習になる。

4　風やゴムで動くおもちゃづくりでの科学的な見方の支援

　「手づくりおもちゃをみんなで動かし，楽しく遊ぶ活動」場面から科学的な見方について考えてみたい。

（1）作る・試す・比べる

　ここでの活動は，「遊んだおもちゃを作り，遊ぶ」というものである。まず，実物のおもちゃや遊び，遊んだおもちゃを見てどのような物を作りたいかを考えさせる。作り方を示した掲示物，参考図書またはカードの準備や事前に準備した材料を有効に使うことができるようにさせる。その際，子どもなりにどのような時に困ったり，気づいたりするのかを予想しておくことも大切なことである。次に，基本形をもとにおもちゃを工夫して作ったり，動かしたり活動をする。ここで重要なことは，自分で考えたおもちゃを作る，きっかけをつくる場面を設定することである。風で動くおもちゃであれば，風のある日に遊ばせたり，風を起こして遊ばせたりして，風の存在や風の力に気づかせていくことが重要になる。子どもは実際の活動から「風が強いと動きが速くなる」ことに気づくであろう。また，ゴムで動くおもちゃでは，ゴムの巻き方，伸び方を手の感覚などで確かめながら，ゴムの勢いに気づかせていく。「ゴムを強く引っ張ると遠くにいく」「ゴムをたくさんねじると面白い動き方をする」など，気がついていく。

（2）試す・比べる・繰り返す・工夫改良

　手づくりおもちゃの製作のねらいは「動きを楽しむこと」である。基本形

をはっきりと意識させるおもちゃを工夫して作らせることが大切である。子どもたちは、「動き」という視点から、作って動かし修理し、互いに教えてもらうなど友達同士で交流を図りながら、作ったり・試したりを繰り返すようにさせる。また動かすということを繰り返すことにより、どうして動いている

写真　ダンボールとゴムタイヤで作った車のおもちゃ

かに気づいてくる。手づくりおもちゃは、作って動かすことで成功したかどうかがわかる。その意味からも工夫・改良するために「比べる」「試す」「繰り返す」の活動を十分にさせることが大切である。子どもを主体的、能動的に活動させるためには、作るコーナー、試作コーナー、修理のコーナーなどを設けて、それぞれのコーナーが確保できるよう場の設定が必要になってくる。また、おもちゃの作り方と動きも重要である。たとえば、「風で動くおもちゃ」は風を受けやすいとよく動くことや風の力との関係に着目させることである。子どもたちは、風を当てたときの物の動くようす、風の強さによって物の動くようすが違うなどに気づいていく。また、「ゴムで動くおもちゃ」では、ゴムの力は物を動かすことができるということに気づいていくであろう。

　おもちゃづくりに必要な材料は、事前に材料となり得る物を保護者に依頼したり、子ども自身で集めておくようにしたりすることが、子どもの自主性を促すうえで重要である。教師がすべてを準備し教え込む方法はあまり好ましいとは言えない。なお、用具については、危険な物、取り扱いがむずかしい物は準備させず、安全に十分に配慮する。

(3) 科学的な見方

　科学的な見方を育むという視点にたったとき、「おもちゃづくり」すなわち「ものづくり」の活動は、実感を伴いながら理解する理科学習との関係にもつながる。自然界から取り出すエネルギー（風）、人工的な物を作り出すエネルギー（ゴム）の違いを感じ取ることができる。「ものづくり」の活動が基礎となっている部分が大きく、生活科での素地が理科学習においても科学的な見方

がさらに深まっていくことになる。ここで留意することは，条件統一や画一化，原理・原則を中心に扱ったり，同じ教材・材料で活動を展開したりしないことである。本来の生活科のねらいから外れることないようにしたい。おもちゃを作り遊ぶ活動を通して，動く仕組みや動く違いに関心をもたせるとともに，「面白い動き」などの価値ある動きに気づかせることによって科学的な見方が育っていく。

5　児童の活動を見とるには

　生活科内容 (6) では，身近にある自然や物を使って作ったり，遊んだりする活動を通して，面白さや自然の不思議さに気づかせていくことがポイントとなる。そこで3つの観点から子どもの見とりを考えてみる。その際，子どもを見とる際，個々やグループのチェックリストを活用するなど，子どもの状況が把握できるように配慮しておく。また，簡単な単元評価表を作成し，評価の観点として意欲・表現・気付きを児童の活動に合わせて評価していく。

(1) 子どもの関心・意欲などを見とる

　ここでは，物を使った遊びに関心をもって，友達とかかわりながら使う物を作ったり遊んだりすることである。すなわち，身近な自然や物を利用した遊びに関心をもち，楽しく遊ぼうとしているところに見とりのポイントがある。この時，どんな表情や動きをしているか，作ったり，遊んだり積極的にしているか，友達との交流を大切にしているかを見とっていく必要がある。この際，子どもの行動やつぶやき・発言を記録していく。その場だけでなく継続的に見とり，おもちゃづくりを通しての取り組む姿を総合的に捉えることが重要である。

(2) 子どもの思考・表現を見とる

　ここでは，自然の身近な物の中から遊びを考える，比べる，試す，繰り返す，見立てるなどの遊びの工夫をすることである。すなわち，「身近な自然や物を利用し，遊びを考えたり，遊びに使うものを自分なりに工夫したりして，

素直に表現している」ことがポイントとなる。その際，子どものつぶやきや話し合いでの言葉，作ったおもちゃの工夫や動き，動かし方の工夫などを，カードに書いたり，友達に教えたりしていることなどを捉えて，行動や発言，製作物，カードの記入などを参考にして状況を捉えていく。動きの違いの原因は何か，速く動く方法はどのようにすればよいか，動きや材料との関係を設計図，学習カードなどを参考にして評価していくことになる。留意したいことは，単に表面的な出来上がりや装飾などを評価するものではない。また，子どもの多様な活動に対して，安全配慮に対する指導を忘れてはならない。

（3）子どもの気付きを見とる

　ここでのポイントは，遊びの楽しさや遊びを工夫したり遊びをつくり出したりする面白さ，自然の事物・現象の不思議さに気づく，約束やルールを守って遊ぶと楽しいことに気づいていることである。おもちゃの特徴ある動き，作り方，動かし方，友達との交流の楽しさ，約束事やルールを守ると楽しめるなどが挙げられる。おもちゃづくりの活動を通して，感動したこと，不思議に思ったこと，創意工夫したことなど子どもなりの気付きを大切にすることが大切である。発言，文，絵，身ぶり手ぶりなどの身体的表現，行動のようすなどから多面的に見とることができる。エネルギーと遊ぶ，動かす面白さ楽しさ，風の働きに気づいていくことになる。

6　実践へのメッセージ

（1）身近な材料による製作活動

　生活科における製作活動は，子どもが生き生きとする活動場面であり，身近な材料をどう生かしていくか，活動の楽しさを左右していく。1年生における自然物の活用例では，落ち葉を使い絵や立体物，飾りを作ること，人工的な物の活用例では，ゴムや風を使って動く簡単なおもちゃ，水遊びの道具，簡単なゲームを作ることなどが考えられる。2年生では，同じ風やゴムで動くおもちゃであっても，速さや大きさ，遊びを前提として作ったり，ゲーム大会をしたりするなども考えられる。また，遊びに使う物を作るだけではな

く，生活に使う物の製作も考えられる。

　子どもは，無限の創造力・想像力・活動力，製作力をもっている。製作活動における材料は，生活にかかわるもの，生活圏で目にするものなどが対象となり，身近な自然物や身近な人工物を活用して，創造性あふれる物を作り出す。そこでは，材料の質，形，色などの利用，目的に応じての材料集め，それらの活用法，製作するための道具の扱い，製作した後の後始末からリサイクルという環境問題など，製作活動によってもたらされるものは大きい。生活科での活動を図画工作科との活動と連携させることも考えられる。

（2）生活科と問題解決学習

　問題解決学習は，問題の主体的な追究という点で有効である。活動の振り返りから，わかったこと，わからないことを明確にして，次の問題へとつなげていくのである。身近な物からおもちゃづくりをしたとしよう。子どもたちは，作ったおもちゃをもっと速く動かしたい，面白い動きをさせたいなど自分の思い願いをもっている。子どもたちは，自らの思い願いをもとに設計図をかき，それに基づいたおもちゃづくりをしていく。そこには，「自分はどのように考え，作ったのか，失敗したがどのようにしたらよく動くようになったか」など，単に作るという活動だけではなく活動を振り返りながら，少なからず問題意識をもつであろう。試行錯誤して条件を変え試してみるという追究の中で発見がある。その点から問題解決学習は，気付きの質を高めるという要因にもつながる。しかし，生活科はすべて問題解決学習で終始するわけではない。子どもの主体的・能動的な学習活動を大切にするなかで行われるものであることに十分に留意したい。

（3）科学的な見方ができる場面設定

　「おもちゃづくり」は，すなわち「ものづくり」でもある。実際に作り，確かめ，その結果が子どもの考え方，確かめの手段，そこから導き出されるさまざまな結果が生み出されてくる。まさしくこの「ものづくり」は科学的な見方を育むことにつながる。実際に自分で作り，工夫改良など試行錯誤を繰り返し，一つの物を作り上げていく過程は問題解決的な活動そのものである。

設計図をかき，実際に製作し，試す，改善する過程の繰り返しである。「ものづくり」という体験的な活動を行うことにより，実践的な技能，気付き，自主的態度なども育成される。たとえば，ものを作る過程で道具の使い方，自分の思いに沿ったおもちゃを作る，自ら進んで活動する，必要な時友達と教え合い協力する，作ったものを通して自ら評価し，活動を振り返り改善・改良するなどさまざまな資質・能力が養われることになる。こうした生活科で身につける「科学的な見方」や「学び方」は確かな学力につながる。

確認問題

1　「動くおもちゃ」の製作活動で大切にすべき活動や体験を具体的に説明しよう。

2　生活科における「科学的な見方」とはどのようなことか具体例を示し，説明しよう。

3　生活科における「作って遊ぶ面白さ，自然の不思議さ」とは何か，具体的に説明しよう。

より深く学習するための参考文献
・レイチェル・カーソン，上遠恵子訳『センス・オブ・ワンダー』新潮社，1996年
・中野重人ほか編『生活科事典』東京書籍，1996年
・『わくわく　せいかつ　上』『いきいき　せいかつ　下』啓林館，2010年
・文部科学省『小学校学習指導要領解説　生活編』日本文教出版，2008年

第**7**章

校内樹木や学校ビオトープで
登場する自然物

　低学年の子どもは，あらゆる事象・現象に対して感受し，何事も興味・関心をもって活動する時期でもある。自然の中で遊びや体験を通して，面白さ，不思議さ，素晴らしさを感じ取り，自然を大切にしようとする心を育てていきたいものである。そこで学校というフィールドで，学校樹木と学校ビオトープに視点を当て，どのような自然物が存在するのか，教材がどのように生かされるのかを探る。また，環境教育の立場からも解説する。

キーワード

学校樹木　ビオトープ　自然環境　環境教育　実地調査

1　学校の自然環境と子ども

　生活科は，自然に目を向け，自然と触れ合う活動を中心に自然との対話が重要である。子どもたちは，自らの思いや願いを日々刻々変化する自然から，自らが課題を発見し，自ら新しい活動へとつなげていく力がある。「小学校学習指導要領」の生活科内容項目 (5) (6) (7) は，いずれも活動や体験を通して自然に触れ合う内容を盛り込んでいる。(5) は，身近な自然を観察し，四季の変化を感じ取ること。(6) は，身近な自然を利用し物を作ったり遊んだりすること。(7) は，自然とのかかわりをもって飼育栽培を行うこと，が内容として示されている。具体的には，校内ウォッチングで多くの自然と触れ合い，自然の変化を比較したり，校内に生息・生育する動植物に関心をもたせ

たりすることである。

　各学校には，多少の違いはあるが自然とかかわる多くの施設や設備，学習環境があり，自然と触れ合うさまざまな環境が整っている。身の周りの自然から，見る，聴く，触れる，食べる，嗅ぐ，作る，探す，育てる，遊ぶという活動や体験を通して，面白さ，自然の不思議さ，神秘さなどに気づいていくのである。これを十分に活用して，実感のある活動を展開させていくことが重要である。この点から学校樹木とその周辺・ビオトープ・学校園などは絶好の教材となる。まず1つ目は，樹木に注目し自然の面白さや不思議さに気づかせていくことである。「秋みつけ」や「葉っぱじまん」の単元から，葉の形，色，大きさを比べたり，木の葉や実などを使って作ったり，遊んだりの一連の活動ができる。2つ目は，学校ビオトープなどの自然環境を通して，生き物に関心をもたせることである。ビオトープの一角を担う草地，池，林などとその周辺には，昆虫，鳥，水中動植物などが見られる。これらを生かし，生き物を中心とした単元が構成できる。3つ目は，学校樹木やビオトープは，環境教育という視点からも注目できることである。環境教育を進めていくうえでは，身近な自然とのかかわりが重要である。教材としての価値や活動・体験，自然ウォッチングを通しての観察，自然事象に興味・関心をもたせるなどを軸に単元を構成することができる。

ビオトープの意味

　学校ビオトープとは，環境教育指導資料によると，「環境教育の場として学校の敷地内に設けられた，地域在来の昆虫や動物などの生きものがくらすことができる草地や池などの空間のこと」としている。ビオトープは，いろ

写真1　学校内の水辺は
　　　　ビオトープとして活用

いろな生き物が自力で生きていける自然環境を備えた場所でもあり，生き物たちと一緒に遊ぶことができる，楽しい居場所でもある。最近，ようやく学校にもビオトープと呼ぶことのできる場が設置されてきた。さまざまな生き物との触れ合いの場，自然が見えて心に感じる場，何といっても活動や体験

ができる場であることが重要である。学校内に広がるある程度の規模の自然環境は，広義に解釈すればビオトープとも言える。

2　学校樹木とビオトープを活用する

「小学校学習指導要領」の学年目標には，「自分と身近な動物や植物などの自然とのかかわりに関心をもち，自然のすばらしさに気付き，自然を大切にしたり，自分たちの遊びや生活を工夫したりすることができるようにする」とされている。そこには，自然との触れ合いを通して，発見することへの興味・関心を深めること，自然の美しさや巧みさ，不思議さ面白さなどの自然の素晴らしさに気づくこと，自然を大切にする心が育つようにすることなどが内容に盛り込まれている。ここで示す身近な自然とは，子どもたちの身の周りにあって，子ども自身と関係の深い動物や植物，自然の事物や現象，季節によるさまざまな自然の変化などがそれにあたる。たとえば，見付ける，比べる，たとえる活動から花や葉などの形，色，大きさの違い，手触り，におい，葉を叩いた時の音などでも比較はできる。このように気付きの幅を広げることで，気付きの質の高まり，科学的な見方にもつながっていくのである。

（1）学校樹木を視点として

　樹木は，四季の彩りや営みを感じさせてくれる。春の新緑や開花，夏の濃い緑と木陰，秋の葉の彩り，冬の樹形の姿，常緑樹や広葉樹・針葉樹などさまざまな樹木の姿が見える。四季を通してさまざまな姿を見せる樹木に親しみをもち，樹木と遊ぶことを通して，樹木に興味・関心をもち，樹木のよさや素晴らしさに気づかせていく。また，1年間を通して自分のお気に入り樹木を決め，友達と定点観察するなかで，触れ合うことの楽しさや自然を感じ取らせていく。樹木を遠くから見たり，下から見上げたりするなど，ふだんではあまり見ない方向や角度からじっくり観察させ，樹木の特徴や季節の変化を感じ取らせる。この際，樹木の名前は簡単に扱う程度として，覚えさせる必要はない。1年生の「秋をさがそう」単元では，秋の自然の中に浸らせ，自然の中で遊ぶ楽しさや，季節の変化を感じ取らせる活動内容がある。ここ

では，学校の樹木のほか公園などの樹木にも着目し，色づいた葉や木の実，つるなどを使いながら物を作ったり，遊んだりするのである。木の葉や実で物を作って遊ぶ活動，身に付けたりする活動，樹木や葉の特徴をクイズ形式にしてビンゴゲームをする活動，自分の樹木と友達の樹木との違いを深める活動などさまざま考えられる。樹木に繰り返しかかわらせ，全身で自然を感じ取らせたい。また，季節によって樹木には，さまざまなチョウやガ，甲虫類などの昆虫類が集まることから，時期を捉えて観察させることもできる。さらに，耳を澄ますと鳥の鳴き声，葉の擦れる音，実が落ちる音などが聞こえ，自然そのものを感じ取ることができる。このようにして，幹，葉，花，実，などを材料とした遊び，製作する活動を通して，生き物の営みや植物の仕組みに触れ，季節感覚にも気づいていくことになる。

(2) ビオトープを視点として

　各学校にはおおむね校内にビオトープが設置されている。規模はさまざまではあるが，そこには観察池，水路の施設，自然木，植栽された樹木，草花や小さな生き物たちが存在している。ビオトープは環境教育を進めるうえでも大切な場所であり，さまざまな生き物を発見し，観察や採集ができる場でもある。また，開放的な雰囲気の中でさまざまな気付きの場ともなる。ビオトープの設置は，自然に対しての興味・関心を高め，子どもたちの多様な活動や体験を広げる。実際の活動では，1年生の「がっこうたんけん」や「生きものだいすき」などの単元で活動や体験ができる。そこでは昆虫や魚などの生き物がすみ，季節が変わると葉の色が変化するなど自然への発見が見て取れる。しかし，学校によっては，環境や設置場所等でビオトープがない場合がある。このような場合は，学校の敷地内にある水辺や草地を生かし自然を再現する試みも面白い。学校だけでなく，家庭・地域と一体となって造ることができればビオトープの価値はさらに高まる。生き物たちがどの環境で，どのような条件で馴染むかを調べたり，ビオトープマップを作成したりすることも考えられる。ただ，低学年では実際に造ることはむずかしいことから「こんなことしてみたいな」「調べてみたい」「こんな物や場所があったらいいな」などをカードに書かせてみることも一つの方法である。

3　「生きものとなかよし」の活動を通して気付きを促す単元計画

　子どもたちは，学校にある樹木園，花壇，農園，学校のビオトープを通して，動植物とかかわり，生き物に興味・関心や親しみをもって自然に接している。ここでのねらいは，身近な自然の中で生息している生き物を採集したり世話をしたりする活動を行い，生き物の特徴や成長・変化のようすを捉えさせる。この飼育活動を通して，生命の尊重や生き物を大切にしようとする態度を育てるのである。

表　単元計画「生きものとなかよし」（全11時間）

時	おもな学習活動	指導上の留意点
第1次（4時間）	☆水の中の生き物を探そう。 ・生きている場所について話し合う。 ☆学校のビオトープや水路やその周辺，プールなどで生き物を採集する。 ・学校のビオトープにどんな生き物がいるか，確かめる。	・どこにどんな生き物がいるか話し合うようにさせる。 ・安全や準備について確認しておく。 ・学校ビオトープで生物の育つ環境，多種多様な動植物にも目を向けるようにさせる。
第2次（3時間）	☆生き物を飼ってみる【継続】 ・採集した生き物を調べる。 ・飼育する生き物の世話について調べ，生き物に合ったすみかをつくり飼育する。	・採集場所に似たすみかづくりや餌やり，掃除，世話，観察をさせる。 ・生き物に合ったすみかづくりを工夫させる。 ・常時，継続観察・飼育活動をさせる。 　（水の交換・餌やりなど）
第3次（2時間）	☆水族館を開く。 ・歌を歌ったり，身体表現をしたりして楽しく生き物紹介をする。	・生き物のようすや育て方など簡単な生き物図鑑を作成したり，紹介カードを作成したりして展示させるようにする。
第4次（2時間）	☆生き物さんありがとう。 ・自然に返すと決めた生き物を元の場所に返しにいく。	・生き物に対する気持ちを大切にしながら自然に返してやるか話し合わせる。

　子どもにとっては，長期に継続的に観察・飼育活動となり，困難もあるが，生き物の変化や成長のようすに関心をもたせたり，親しみをもたせたりすることで気付きへの支援をしていくことができる。

4 学校の自然環境を生かした活動

(1) 環境教育の視点から

　学習指導要領における生活科と環境教育のかかわりをみると，「自分と身近な動植物などの自然とのかかわりに関心をもち，自然のすばらしさに気付き，自然を大切にしたり，自分たちの遊びや生活を工夫したりすることができるようにする。」などとしている。すなわち，自然と環境が自分の生活に深くかかわっていることに気づき，楽しさを感じたり親しみ，愛着をもったりして自然を大切にする心を育てることを期待している。小学校の環境教育のねらいは，豊かな感受性，環境に対する見方や考え方，実践力の育成などを基盤に置きながら推進していくこととしている。とくに生活科は環境教育とのかかわりが深く，大きな役割を担っている。身近な環境に全身でありのまま触れ，環境を感性的に捉えていくのである。

(2) 学校ビオトープ・学校樹木の活用

　学校のビオトープ（観察池，草原，湿地帯，田んぼなど）や学校樹木（近くの公園の樹木も含む）は，自然と一緒に学ぶ低学年にとっては，絶好の教材である。教科書などでもさまざまな生き物・樹木が紹介されており，その内容や活用方法は，学校の自然環境や地域によって異なる。ここでは子どもたちが日ごろ見ることができたり，図鑑などで目

写真2　校内の緑地や茂みも
　　　　大切なビオトープ

にしたりするおもな動植物・樹木を紹介する。

　　〇学校のビオトープ（観察池，草原，湿地帯，田んぼなど）に見られるおもな動
　　　植物
　　・草花→タンポポ，カタバミ，オオバコ，シロツメクサ，オオイヌノフグ
　　　リ，エノコログサ，ツユクサなど
　　・水生植物→ホテイアオイ，オオカナダモ，スイレンなど

・昆虫，水生動物，鳥など→トンボ，コオロギ，バッタ，セミ，カブトムシ，アリ，チョウ，ハチ，カタツムリ，アメンボ，メダカ，カエル，トカゲ，スズメ，カラス，メジロ，ウグイスなど

　身近にある植物，身近にいる昆虫などから自然に対する意識を感化させ，動植物などは，子どもに絵を描かせたり，文章表現をさせたりしながら，生き物に対する愛着をもたせる。また，指導者が動植物を写真に撮り，子どもたちが図鑑などで調べる活動ができるよう支援につなげていく。

　〇学校樹木
　・針葉樹→スギ，ヒノキ，マツ，サワラ，モミなど
　・常緑樹→クスノキ，サザンカ，ツバキ，アラカシ，シラカシなど
　・落葉樹→コナラ，クヌギ，ケヤキ，ミズキ，イロハカエデ，サクラなど
　学校によっては，シンボルツリーが存在することがある。これをきっかけに学校樹木に興味・関心をもたせ，特徴のある樹木に目を向けさせ，「自分の木」としてかかわらせる活動も考えられる。

　〇落ち葉の活用→ミミズ，ダンゴムシ，ムカデ，カブトムシの幼虫など
　学校ビオトープ，樹木等の付近の落ち葉を利用する。落ち葉集め，木の葉・木の実遊び，落ち葉の下の生き物，季節さがし，いろいろな虫を探そうなどさまざまな活動が考えられる。また，落ち葉による簡単な堆肥づくりは，低学年でも活動は可能である。

5　子どもと自然とのかかわりから見とる

　生活科内容(5)の「季節の変化と生活」では，「身近な自然と触れ合い，思いや願いをもって自然とかかわること」「身近な自然とのかかわり方の工夫」「季節の移り変わりに気づく」などが評価として考えられる。学校にある樹木に注目させ，季節によって葉の茂り方，色の変化に気づかせたり，樹木でもさまざまな枝の広がりや形，大きさがあることに気づかせたりして，自然とかかわりをもたせる。夏は「セミウォッチング」で鳴き声や鳴く時間，セミのぬけがらを探す。秋は葉を落とす木，落とさない木を見つける。色や形の違う落ち葉を集め，「落ち葉ビンゴゲーム」をする。フィールドで見つけた

「生き物ビンゴ」，場所によってはネイチャーゲームなど多様な活動が考えられる。学校にある樹木を観察することなどを通して，季節の変化を捉えさせ，自然への見方を養っていく。

生活科内容 (6) の「自然や物を使った遊び」では，「身近な自然を使って遊びや遊びに使う物を作る」「身近な自然の中から遊びを考えたり，使ってみ

写真3　自然物を使った造形

たいものを見つけたりする」「身近な自然を利用して遊べることや自然の中のきまり，自然の事物や現象の不思議さに気づく」が評価として考えられる。

学校樹木・学校園で見つけた植物をもとに，製作活動や遊びを体験させたい。野草で音だし遊び，オオバコの穂で草ずもう，タンポポでの遊び，シロツメクサなどで花のかんむり，木の葉でいろいろな形を作る。マツカサでけん玉や首飾りを作る，葉っぱで作ったお面，ビニール袋を木の葉で飾る，集めた木の葉を使って絵を描くなど，製作物はさまざまに考えられる。身近な自然を利用して物を作ったり，作ったもので遊んだりして，その面白さや自然の不思議さに気づかせていく。

生活科内容 (7) の「動植物の飼育・栽培」では，「生き物に親しみをもち，生き物を大切にすること」「動物を飼ったり，植物を育てたりすることについて，工夫，振り返り，自分なりの表現をする」「生き物は命をもっていることや成長していることなどから自分とのかかわりに気づく」が評価として考えられる。生き物を育てる活動では，子どもたちが自分の思いや願いだけでは生き物が生きているという実感はつかめない。生き物のことを考え，環境に積極的に働きかけ，自分と身近な環境とのかかわりをもたせていくことがポイントとなる。自分が環境に積極的にかかわることで，生き物の特徴などに気づき，生命の尊重，自然を大切にする心が育っていく。

6　実践へのメッセージ

(1) 教材の開発と実地調査

　子どもたちにとって出会った自然とどのようにかかわるかは，気付きの質を高めるためにも，非常に大事である。校内樹木・草花などを観察し，自然とのかかわりの中で，「見付ける，比べる，たとえる」などしながら自然に対する科学的な見方を養うのである。そのために，教師は教材がどのように扱えるのか，活用できるのか，どのような場所にどのような生き物が生息するか，生き物の特徴とその生態など，学校における自然環境を把握しておく必要がある。学習マップや自然環境マップを作成し，教材になり得る物・場所の実地調査と検証が重要である。

　実地調査・検証のポイントとして，①身近な自然に繰り返しかかわることができる。②身近な自然と触れ合える。③自然の面白さを感じ取れる。④楽しく安心して遊びができる。⑤四季の変化のようすがわかるなどがある。教材の例として校内樹木を中心にその活用例を示してみる。

　　○子ども一人ひとりにとって象徴的な樹木→あらゆる樹木が対象になる自
　　　分の木
　　○季節の花が教材→ウメ，サクラ，サザンカ，ツバキ，サルスベリ
　　○においが教材→キンモクセイ，ジンチョウゲ
　　○実や葉を使い，作って遊ぶ教材→シラカシ，スダジイ，クヌギ，カシワ，
　　　コナラ，マテバシイなど
　　○葉の形が教材→ヤツデ，カエデ，トチノキ，イチョウ，ヒイラギなど
　　○生活科や理科の教材→アサガオ，ホウセンカ，ヒマワリなど

　教材の開発には，実地調査の結果を踏まえ，図，絵，表，写真などに整理し，教材マップを作成したり，指導者が自然物を使って遊ぶ物を実際に製作したりするなどして教材の構想を立てることが重要である。教材の構想を練る際は，①子どもの興味・関心はどこにあるか，②意欲や主体性を高めることができる学習の過程のあり方，③子どもの目線で見た自然物，④気付きが大切にされる場面はどこにあるかなど，子どもの活動を想定して，学習環境等も考慮しながら構想していくとよい。

（2）校庭などにある樹木の観察

　学校には意図的に植栽されている樹木も数多くある。実のなる樹木，成長の早い樹木，広葉樹や針葉樹，低木・高木など校庭の樹木マップを作成するなどして事前に調査しておく必要がある。学校樹木もビオトープの一部と考えた場合，樹木に寄ってくる昆虫や生き物がたくさんいる。針葉樹より広葉樹は季節感がありさまざまな活動の条件が整う。香りのよい花を咲かせたり，結実したり，樹液を出す樹木は，鳥や昆虫類にとって魅力的である。鳥や昆虫類が集まり，自然観察や自然と触れ合う絶好の機会である。樹木をよく知るには，樹木肌の違いなども直接木の肌に触れることでさまざまな樹木があることに気づかせていくことも大事である。

写真4　コナラ

写真5　ユリノキ

　また，樹木の観察にかかわり，樹形，木の高さ，枝ぶり，幹の太さ，葉の大きさ，形，色，におい，花の色や形，実，樹木の周りのようすなど観察の視点は数多くある。自然と触れ合いながら，自然の不思議さ巧みさに気づいていくようにさせる。さらに低学年の発達段階を踏まえ，たとえば，樹木は，

写真6　アオギリ

昆虫や小動物のすみかになること，四季の変化に応じて葉や幹の色が変化すること，落ち葉は堆肥になることなど，体験を通して実感のある気付きを促すことができる。

（3）自然体験活動

　学校樹木，ビオトープ，学校園などを教材として活用することは大変有効である。自然における活動や体験をする際，低学年なりの自然観察の目を養わせることである。そのポイントとして，①観察や飼育を継続する大切さを知ることである，②身近な自然をふだんから意識させ，見慣れた事象，現象に目を向けることである。そして自分の目で確かめ，調べることである，③自然の巧みさを子どもの発達段階に応じて学ばせるなどである。こうして自然観察の目をしっかりと育て自然体験活動を育成させていく。生活科における見る，嗅ぐ，触る，聞く，など諸感覚を使って体感させることで，身の周りの生き物のようすやその周辺との環境のかかわりについて見方や考え方を養っていくことになる。3年生以降の理科学習では，昆虫などはスケッチした物を虫眼鏡や顕微鏡で観察させ比較する，生息場所を確認するなど校内の生物マップを作成するなどの活動がされる。また，これらは，生物を愛護する態度にもつながっていく。生活科でのさまざまな活動や体験は，理科学習における自然を愛する心情を育むとともに実感を伴った理解につながっていくことになる。

　生活科では，すべての活動や体験を重視する。自然の中で十分に遊び，楽しみ，諸感覚を使ってさまざまな活動や体験を振り返らせ，生物とその環境とのかかわりで生きていることを捉えさせるのである。気付きの質を高めることが「科学的な見方・考え方」の基礎につながる。さらに主体的・能動的な学び，繰り返し活動する場や機会を設定することで，「科学的な見方・考え方」につながり，のちには思考力・表現力にもつながっていくのである。

確認問題

1　生活科と環境教育とのかかわりについて具体例を示し述べよう。
2　学校樹木を視点とした教材を考え，具体的に示そう。
3　学校ビオトープを視点とした教材を考え，具体的に示そう。

より深く学習するための参考文献

・木村吉彦編著『小学校　新学習指導要領の展開　生活科編』明治図書，2008年
・国立教育政策研究所・教育課程研究センター『環境教育指導資料　幼稚園・小学校編』東洋館
　出版社，2014年
・中野重人ほか編『生活科事典』東京書籍，1996年
・文部科学省『小学校学習指導要領解説　生活編』日本文教出版，2008年
・(財)日本生態系協会編著『世界とむすぶ学校ビオトープつくりかた図鑑』汐文社，2001年

第**8**章

地域の探検活動で扱う教材

この章では，「まちたんけん」をはじめとする探検活動でどのような教材を扱うのか，空間認知の発達に寄与する生活科内容の組み立てや社会性の基礎を育む学習内容の扱いを解説する。探検は一度では得られる気付きが少ない。児童の場所への愛着形成をねらいとするうえで複数回同じ場所への探検活動が不可欠である。そうした内容の扱いの重要性についても触れてみたい。

キーワード

社会認識　空間認知　社会性　方位認識

1 空間認知の広がりと基礎的な自然・社会認識を育む単元

(1)「まちたんけん」の役割

生活科授業において「まちたんけん」は身近な地域に関する空間認知を広げ，まちで出会うことのできる人や公共物，場所などに関する認識を深めるうえで大切な単元である。低学年児童の発達段階からいって，場所に対する愛着形成を促しつつ社会性を育む点で「まちたんけん」は，気付きを自然や社会とのかかわりの中で育む生活科授業の典型である。

「たんけん」は，未知の領域へ足を踏み入れる行為である。「がっこうたんけん」や「つうがくろたんけん」「公園たんけん」「まちたんけん」など随所

に学習の機会が用意されている。子どもにとっては日常見慣れた場所を訪れるだけの意識にとどまっている場合が多いが，その細部についてはよく知らない場合が多い。「知っているけれど詳しくは知らない」のがこの時期の子どもの社会認識である。学区では有名なお店やスーパー，図書館や児童館などを教材化する場合，子どもにとっては新鮮味に欠けるかもしれない。しかし，教師の事前の教材研究によって，たとえばお店の商品や販売員に関する個別の情報や公共図書館の機能で子どもが知らないような仕組みや設備などを提示すれば，興味を抱かせる手立てとなるだろう。「これは学校の近くにあるケーキ屋さんが使っている道具です。何に使うと思いますか？」とケーキづくりに必要な道具を提示するところから入れば，興味をもたせることができる。あるいは，「図書館は本を貸してくれる以外にやっているサービスがあります。何だと思いますか？」と切り込むことで，図書館の役割についての認識を広げることもできる。

　さらに，「まちたんけん」は，みんなで使う公共物も題材となり，同時に通学路を中心にして安全を守ってくれる人に関心をもち，安全な登下校ができる力の育成も求められている。これは，昨今の街頭犯罪への対応を緊急に進めるためにスクールガードや地域ぐるみで見守り体制が組まれていることに対し，子ども自身が案外気づいていないこと，周囲の大人だけが防犯や防災，交通安全に注意するだけでなく，子ども自身にも自分や友達の安全に関心をもち，安全に登下校できる力を育成することが不可欠であると判断したからにほかならない。「小学校学習指導要領」においては保健体育科に並んで生活科が安全についての学習単元を準備していて，この指導の仕方の如何が小学校における安全教育の質的向上に直結している。一般に，「入りやすくて見えにくい」場所に犯罪が起こりやすいと言われているが，子どもにそうした場所を見分ける能力を言葉だけの説明で身につけさせるのは容易ではない。通学路を歩いて，安全を守る人や設備を短冊型の紙面に表現させ，ルートマップの空間認知を育みながら，適切な地図指導（子ども110番の家の場所，この場所は，周囲から見えにくいかどうかの表示など）で表現させるなど，体験的な学習も交えて指導の工夫が望まれる。

　ところで，小1プロブレムといわれるように学級での徘徊，授業への参加

拒否，奇声をあげたり器物や仲間への暴力的行為に及んだりする児童の増加に対して，幼稚（保育）園との直接的な連携による問題行動の解消も求められている。

　自治体によってはすでに小学校への幼稚園児の訪問や教員同士の授業研究，小学校教諭と幼稚園教諭との合同授業などを実施している例も見られるが，未だ本格的な連携は進んでいない。幼児教育と小学校教育との連携を直接図ることによるメリットとして，子どもの情緒の安定に向けた両者の情報交換が挙げられる。不登校児童の早期発見と指導，いじめの根絶，家庭内暴力などの早期発見なども期待される。年度末に体験入学と称して幼稚園児が小学校を訪問したり，生活科の「おおきくなったわたし」の単元で幼稚園を再び子どもが訪ねたりする機会はすでにあるが，その程度の連携では小1プロブレムは防げないだろう。「つうがくろたんけん」や「まちたんけん」「あきさがし」などの単元を生かして，地域の中で顔見知りを増やしていく経験を積み重ねつつ，情緒の安定を図ることも大事であろう。

　他方，幼稚園までは保護者が比較的，我が子の子育てに関心を抱いているものの，小学校に子どもが上がるにつれてしつけを小学校に任せる態度をとる親がいる。生活科では，「家庭と生活」の内容があり，家庭生活を支えている家族のことや自分でできることなどについて考えることが求められている。「まちたんけん」の場面でも，大人への挨拶やインタビューを経験させていけばいくほど自己中心的な子どもの態度を解消の方向へ誘い，社会性を帯びたものへと改善していくことにつながってくると思われる。

（2）生活科で獲得させたい3つの能力

　「まちたんけん」に絡んで生活科で次の能力をとくに重点的に育みたいものである。第一点は子どもを取り巻く生活の都市化が進展し，核家族化や生活時間のプログラム化，テレビ視聴の増大などの影響から，子どもの生き物接触能力が衰えているのではないかと危惧される点である。とりわけ，昆虫やウサギやチャボ（鶏），ザリガニを怖がる子どもが増えている。生き物の命の大切さを伝えたいと教師が対応しても学習前から接触を嫌がる傾向が強まっている。まちの中でこれらの生き物を見る機会が少なくなったのも背景に横

たわっているが，自然の不思議さや命の大切さをいかに伝えるか，地域の獣医師や用水路を管理する農家の方などとも連携し指導の工夫が望まれる。

　また，生活科以前の社会科で重要視していた基本方位の獲得も見過ごすことができない内容である。かつて低学年に社会科があった時代では低学年児童でも東西南北の4名称は知っていた。しかも学区程度の平面地図をある程度は読み取れていた。生活科がスタートしてからは，方位に関する学習の機会が奪われ，方位認識が低学年社会科の時代に比べ，伸びたとは思えない。3年生の社会科においても冒頭で「学校の周りの地図づくり」が入っているが，その際の地域探検の視点と2年生の生活科で実施しているまちたんけんの視点がほぼ同一で，質的な高まりが見られないという指摘もなされている。道なりに風景を歩行者の視点から眺めている生活科の空間認知能力と町の平面地図のように真上から見下ろして眺める視点を獲得させる地図学習の視点へと発達の階段を上らせる丁寧な指導が見られていない。

　さらに，改訂によって「公共物や公共施設を利用し」との文言が加わったことで，実際に身近な地域の中で公共施設を利用し，利用時のマナーや公共心の育成に努めるように学習指導を進めていく必要がある。身の周りにはみんなで使うものや場所があることを知り，地域にはそれらを支えている人がいること，自分勝手にモノや場所を独占しないこと，自然の生き物の棲む場所がみんなにとっても大切な場所であることを実感的に捉える機会を設けることが大切である。これは3年以上の社会科で培われる公共の仕事の意味に接近させるいわば学習の布石にあたるからである。

　生活科は現行で2回目の改訂である。体験活動だけに溺れることなく，いかに気付きの質を高め，小学校の教科として教育の効果を上げていけるかが問われている。目の前の子どもたちに確かな学力を身につけていくよう指導の工夫に取り組むことが大切である。

2　社会性の育成へつながる気付きを重視した単元の目標

　ここで事例として紹介する実践は，第2学年生活科学習活動案「たんけん

はっけん泉川」（青森市立泉川小学校教諭高畑・竹内実践）全20時間である。学習指導要領では，内容 (3) の「自分たちの生活は地域で生活したり働いたりしている人々や様々な場所とかかわっていることが分かり，それらに親しみや愛着をもち，人々と適切に接することや安全に生活することができるようにする」を受けて実践されたものである。児童の実態として放課後の遊び場としては公園と答えた子がわずか3人で，残りの24人は家の中や家の周りで遊ぶと答えている。畑や水田，公園などについては知ってはいるが実際に出かけていって虫を捕ったり花を摘んで何かをしたりするといった具体的な遊びは回答では出てこなかった。社会事象についても通学路で日常目にしている建物を挙げることが大半で，中学校や保育園，商店といくつか挙げた程度である。よく行くお店として生協が挙げられ，そのほかは家の近くのお店に行くことが多いようである。

　そこで，社会事象や社会性への気付きを深め，自分と社会とのかかわりを自覚するためにも町の中の自然や施設・建物を調べる活動を通して発見したことを工夫して表現すること，自分の住む町に対して親しみをもつことをねらいとして単元の目標が設定されている。

　まちたんけんは子どもたちにとって初めての校外でのグループ活動となるため，道路の歩き方や横断の仕方など，安全に行動できるように事前に十分話し合わせたうえで探検に臨ませた。まちたんけんという活動は，子どもの視野を広げるだけでなく，社会性も育むうえでの基礎的な経験になるはずである。学校の周りの散歩や屋上から学区を見る経験，おすすめマップの作成，まちたんけん，お知らせ会」というように自分たちの住む環境に目を向けた活動や体験を多く取り入れることで身近な地域に関心や親しみをもつことができるのではないだろうか。

3　社会性の育成へつながる気付きを促す単元計画

　生活科第2学年の1学期の単元である。通学路から次第に学区へと子どもの空間認知が広がる過程にあたるが，実際は都市部の子どもたちの行動範囲は狭く，室内遊びが大半を占めているため，なかなか認知が広がらないのが

実態である。地域と生活を扱ったこの単元は自立への基礎をつくるうえでも大事であり，生活科学習を通して自然や社会とのつながりの機会を増やし，愛着のある場所の形成を通して子どもの世界を広げたいものである。以下，単元計画を表にして示したい。

表　単元計画「まちたんけん」（全20時間）

時	小単元名	ねらい	学習活動
第1次（2時間）	春の町へ行ってみよう	学校の周りを散歩したり自分たちが住む町を眺めたりして，季節が移ったことや学区のイメージをつかむことができるようにする。	・学校周辺の木や草花，鳥や虫などの生き物を見つけ，「春さがし」をする。建物や道路を行き交う人，車などを見ながら散歩する。 ・散歩したところや自分の家や友達の家がある場所を屋上から眺めてみる。
第2次（3時間）	楽しいところを教えてあげよう	自分が生活している家の周りの「おすすめマップ」を作り，楽しいところを紹介することができるようにする。	・いつも遊ぶところや友達に教えてあげたい場所を絵地図に書く。 ・書いた絵地図を紹介し合う。「おすすめマップ」を通学路コースごとに床地図に貼り，もっと知っている場所や建物などを貼って，「泉川たんけんマップ」を作る。
第3次（2時間）	探検の準備をしよう	「泉川たんけんマップ」を見ながら行ってみたい場所を決め，探検の準備をする。	・行ってみたい場所ごとにグループをつくりグループごとに探検のめあてや約束ごとを決める。 ・探検グッズの準備をする。 ・床地図の上で探検コースをたどってみる。
第4次（2時間）	探検に出かけよう	めあてをもって探検に出かけ，見つけたことを写真に撮ったり発見カードに書いたりすることができるようにする。	・グループごとに目的の場所に向かって出かける。安全な歩き方や約束ごとを守りながら仲良く行動できる。 ・施設やお店などではインタビューしたり，メモをとったりする。 ・見つけたことを写真に撮ったり，「発見カード」に書いたりする。時計を見ながら休憩したり遊んだりする。 ・学校に戻り，探検の整理をする。
第5次（6時間）	「お知らせ会」の準備をしよう	探検をして気づいたことや体験したことを発表する「お知らせ会」の準備ができるようにする。調べ足りないところがあれば，もう一度探検に出かけて詳しく調べることができるようにする。	・グループごとにどんな方法でまとめ，どんな発表の仕方があるのかを相談して決める。 ・協力して「お知らせ会」のための準備をする。 ・発表の練習をグループごとにする。 ・A班，B班に分かれて「お知らせ会」の予行をし，同じグループの発表を聞いたり，質問したりする。

第6次（3時間）	「お知らせ会」をひらこう	探検して楽しかったことや発見したことを自分たちなりの方法で表現できるようにする。友達の発表を聞いたり質問したりして発表の仕方や内容のよさを認めてあげたり，新たな気付きや発見をしたりすることができるようにする。	・各組のポスターセッションを交替で聞く。 ・CMタイムで自分たちの発表のポイントをアピールする。 ・聞くグループは聞きたい順番をメモに書く。それぞれの発表を聞いてわかったことや思ったことを発表したり「ひとことカード」に書いて掲示したりする。 ・感想を発表し合う。
第7次（2時間）	楽しかったね，ありがとう	今までの活動を振り返り，お世話になった地域の人々にお礼の手紙を書いたり，楽しかった思い出を絵や文で表したりすることができる。	・探検で楽しかったことや大変だったことなどを自由に話し合わせる。 ・お世話になった人にお礼の手紙を書く。 ・楽しく遊んだ公園や思い出に残っている施設やお店のようすを絵や文に書く。

4　活動の展開と指導・支援のポイント

(1)「たんけんマップ」の役割と効果

　めあてをもって探検に出かける前に「泉川たんけんマップ」を見ながら行ってみたいと思う場所を決めさせる支援を行っている。屋上に上がって大まかに建物や場所をつかみ，その後で自分の家の周りのおすすめポイントを地図に表して紹介している。そこから順に発展させていき，興味をもち始めた建物や場所に行ってみようかなというところからスタートしている。プレイルームに飾ってあった大きい探検マップ（白地図）に，いろいろな場所や建物の絵を貼っていき，広げていって自然に泉川のたんけんマップが出来上がっていった。このことで子ども自身がマップを自分に引き寄せて，自分からここに行こうと決めて探検に出かける意欲化につながっていった。生活科において身近な学区の地図を作らせる体験は，あくまで自分が関心をもっている場所とのかかわりを深めていくねらいでつくらせることが大事である。視覚的に身の周りの地域が地図として表現されていることは子どもの視野を確かなものにしていくだけでなく，場所やモノとのかかわりを通して情緒の安定へとつながっていく。

（2）ポスターセッションの発表と「ひとことカード」の試み

　実際の発表会では，次のように流れていった。ここでは「動物病院」グループと「ケーキ大好き」グループのようすを紹介しよう。

〈動物病院グループ〉

CMタイム：「私たちは，動物病院グループです」「紙芝居や病院の川村先生にインタビューしたテープも用意しています。ぜひ見に来てください。場所はあっちです」

発表：「動物病院グループの発表を始めます」「こなか動物病院は学校から□□に進み，信号を右に曲がったところです」「開院時間は9時から12時と2時から7時です」「待合室は人や動物でいっぱいでした」「2年2組のハムスターが病院に行ったときのことを川村先生にインタビューしました（ICレコーダーのスイッチを押す）」

○ひとことカードコーナー

・ICレコーダーで川村先生の話を聞けてよかった。

・動物をちゃんと看病していることがわかった。

・行く道を覚えていてすごい。

・動物のことがわかりました。

・クイズが簡単だったけど面白かった。

・多くの動物が病院に行くことがわかりました。

・動物病院の紙芝居が面白かった。

〈ケーキ大好きグループ〉

CMタイム：（白いエプロンを着けている）

発表：（考えて紙粘土などで作った手作りのケーキを展示する）

「わー，おいしそう」（ポスターを紹介しながらクイズを出す）

①「このケーキ屋さんではウェディングケーキは作っていると思いますか？」

②「一番売れているケーキは何でしょう」

③「余ってしまったケーキはどうすると思いますか？」

④「ケーキの値段はどうやって決めると思いますか？」

お客さんからの質問：「ケーキは何個くらいあるんですか？」回答：「いっ

ぱいです」

微笑ましいポスターセッションである。探検グループの訪問した動物病院やケーキ屋さんは、学校とつながりのある病院だったり、子どもたちの興味のあるお店だったりする。生活科が社会科と異なる点はここであろう。あくまでも自分たちとかかわりのある場所が選ばれている。発表を聞いてくれる友達が書いた「ひとことカード」の感想も簡単な文章であるが聞きっぱなしにならない手立てとして注目できる。

5　子どもの動きから社会とのかかわり方を見とる評価

評価規準として①関心・意欲・態度の項目では「素早く探検の準備をしたり、たくさん進んで発見したりすることができる」とした。②思考・表現の項目では「探検して発見したことや疑問に思ったことなどを、わかりやすくまとめたり、発表の仕方を工夫したりすることができる」とした。③気付きの項目では「今まで知らなかった地域のことがわかり、それらをわかりやすく教えてくれた友達のよさに気づくことができる」とした。これらの規準に基づいて活動全体を評価するとともに、子どもの動きから社会とのかかわり方を見とるうえでまちたんけんの学習は実に面白い。

たとえば、「ケーキ大好き」グループの子どもたちが発表後に後始末をした際に、ケーキ屋さんの仕事の技としてお盆を2つ持つのが大変である点を思い出し、最後まで持ち方にこだわって練習していた姿から、ケーキ屋さんが働いている姿を憧れの目で見ているようすがうかがわれる。「動物病院グループ」の発表時でも実際に病院の中を探検したり、医者にインタビューしているうちに自分たちも動物に対する親しみが増してきて、だんだん自分たちも動物を飼ってみたいなという思いが膨らんできたように思われた。「しぜんたんけんたい」グループの発表では、水田で働いている農家の人にもインタビューし、子どもたちが稲の二番植えという作付け方法を聞いたり、機械で植え残したところは人間の手で植えていくことなどを教えてもらったりした。このように人との触れ合いを通して新しい発見がいくつも見られたことは、子どもなりに社会性を育てたことになり、探検単元ならではの特色と言える。

子どもたちは，地域で日常生活を送っている。しかし，なかなか人の働く姿や人が抱いている地域への思いや願いに気づくまでには至っていない。お店や公共施設で働く人は比較的見えやすいが，自分の両親が働く会社の仕事や農業や漁業に従事する人の動き方についても漫然と見ていて知らないのが現状である。かつて低学年に社会科があった時代では，働く人の追究は学習のねらいであった。社会の中の一員として子どもがどのように社会とかかわり始めたらいいか，生活科は人間の社会性発達にも大きく関与していると言えそうである。

6　実践へのメッセージ

　2年の単元で位置付けられている「まちたんけん」は，地域に愛着をもたせることを目的に実施される。しかし，愛着形成と一口に言っても曖昧である。何か，「まちたんけん」の際の観察や気付きにつながる視点をもたせることも有効ではないか。もちろん，あくまで子ども自身の気付きを大切にする教科であるため，教師から一方的に観察の視点を提示することは避けなくてはならない。その点が，社会科で扱う商店の売り方の工夫や地域の仕事見学学習との質的な違いであろう。

　たとえば，お店を探検したいねと誘いかけ，自分の知っているお店を紹介させたり，探検先 (訪問先) に選ばせたりする場面があるが，どんなお店なのか，そのお店らしい商品とは何かなどが先に思いつきがちである。真っ先にケーキ屋さんを訪問したいと言ってくる子どもが多いこともそのことを裏付ける。しかし，ケーキを作っている人は誰か，おいしいケーキは人の手によって作られるので，人とかかわってくる必要があるよと探検のめあてを意識させたい。ユニークな視点として，「お店で働く人」と「お店らしさ」を結びつける窓口として店員さんの制服に着目させる手立てもある。

　「お店の違いは売っている商品の違いだけでなく，ほかにどんなモノが違うと思いますか？」と切り出せば，店で働く人が違う，服装が違うという気付きをもたせることができるかもしれない。町のお店や施設にはいろんな制服を着て働いている大人がいることに着目させ，制服を通してもっと町に関心

や愛着をもってくれるように促すことも面白い手立てである。子どもたちは，制服の代表格としてすでに1年生の「つうがくろたんけん」で警察官と出会っていたり，乗り物に乗って遠くに行く単元では電車の運転手，スーパーで買い物体験をしたら食品売り場で見られる白い制服に着目したりしているはずである。

　また，制服から入る指導の流れとしては，最初に商店街のある店の店内の写真を提示し，「この写真に写っている人はどんなお仕事をしていますか？」と問いかけ，次に「町の中のどこに行ったらこの人たちと会えますか？」と尋ねてみる。きっと会いたいな，見てみたいなという思いが湧いてくるはずである。そこでその中の一人でいいので制服姿の方をゲストに呼んで，お店のようすや制服の役割について話してもらえれば，児童は大変興味を抱くだろう。町の中は制服でいっぱい，という感覚で近所を探検させてみることも楽しい学習になるに違いない。そうなれば制服を見つけさせていけば，自然に仕事に関心をもってくる。生活科は社会科と異なり，自分と社会とのかかわり合いを中心におけばいいのであるが，社会そのものの仕組みや働きがある程度見えてこなければ自分に社会の事物や事象を引き寄せられない。

確認問題

1　社会性の発達にとって生活科の学習内容はどういった役割を果たしているのか。本書の記述の中からそれに関係する記述を2例ほど抜粋しよう。

2　生活科で扱う「お店」と社会科で扱うそれの違いを説明しよう。

より深く学習するための参考文献
・斎藤毅『探検教育で子どもが変わる──フィールドワークで築く世界像』農山漁村文化協会，1996年
・仙田満・上岡直見編著『子どもが道草できるまちづくり──通学路の交通問題を考える』学芸出版社，2009年
・寺本潔・佐々木剛・角田美枝子編著『里海探偵団が行く！──育てる・調べる海の幸』農山漁村文化協会，2010年
・寺本潔『地理認識の教育学──探検・地理区から防災・観光まで』帝国書院，2021年

第9章

通学路の愛着形成と安全意識

　低学年児童にとって通学路は自然や社会とのかかわりを深める大事な場所である。本章においては通学路への愛着形成とその空間認識の発達，安全を守ってくれる人の存在などの学習内容を扱う際の視点を解説し，生活科教育が担う安全指導の内容を具体的に扱う。通学路安全マップや子ども110番の家訪問などの学習の手順などについても解説した。

キーワード

　　　安全マップ　空間認知　地図　通学路

1　子どもを取り巻く危険

　遊びや家事手伝いの外部依存化，少子化・核家族化に伴う家庭での孤立・個室化が進み，本気で友達と喧嘩<ruby>喧嘩<rt>けんか</rt></ruby>したこともないような現代の子どもの生活を見れば，危機的状況に遭遇した場合，精神的に大きく傷つき，容易には回復できずに不安定に陥る危険性がある。では，親や先生方はどうしたらいいのだろうか。精神的な回復力（レジリエンス）を高めるためには，大きく分けて4つの要素が欠かせないと社会心理学の視点から指摘されている。

　その1つは，愛情のある支援体制がとられているかである。家族や親類，友人などはもちろん，近所の顔見知りの大人や学校の先生など多様な大人たちによる優しい言葉がけ，ときには遊びに誘ってあげることも回復力の元となる。子どもたちが安心できるように大人たちが見守っていることを明確に伝

える具体的な機会や場面が欲しい。通学路の安全を守ってくれる子ども110番の家の人，スクール・ガードの方々やＰＴＡの見守り活動などをもっと子どもたちに知ってもらう必要がある。防犯活動に熱心な学校では，小学校の廊下に防犯活動に携わっている方の笑顔写真を掲示している例もある。子どもたちへの愛情をもっとわかる形で示したいものである。

　2つには，コミュニケーションと問題解決のスキルを体験的に獲得させておくことである。学級の友達との特別活動や生活科，総合的学習などの機会を中心に学校と家庭が連携し，問題解決のスキルを育成しておくことが大切である。たとえば，読者の皆さんの学区では生活科指導の場面で通学路の安全点検街歩きと通学路安全マップづくりを子どもと一緒に実施しているだろうか。案外，簡単な街散歩で済ませてしまいがちではないだろうか。

　3つには，計画を最後までやり通す経験をさせることである。学校生活で1年生や2年生に進級した際に自分のめあてをつくるよう促すこと，単にスローガンで終わらず，めあての実現に向けて日付を入れて計画的に取り組ませ「やり通す意志」を育てておくことが大事である。思考したことは「めあて」として書き出し，皆の前で紹介すること（表現）によって定着する。

　最後の4つには，自分の持つ能力を肯定的に感じる考え方をもたせておくことである。たとえば，災害時にたとえ避難所暮らしを余儀なくされている子どもにも何らかの物資の配給や水汲みの手伝いなどを担ってもらうことが大切である。子ども自身の効力感を育て，ひいてはレジリエンス力も高める効果がある。防犯活動でも通学路を軸に簡単な地域安全マップを手作りで仕上げ，それを使って地域へ広報活動を行うとか，子ども110番の家の方への感謝訪問と寄せ書きの色紙をプレゼントするなどを実行させることで効力感が生まれる。

2　生活科が担う安全指導

　日本においては年齢の発達段階に応じた安全教育が，残念ながら未だ体系化あるいは制度化されていない。一方で，子ども自身が自分の身を守るという危機回避能力に関しては，自立する年齢を待っていては，現実の問題に対

応できないのも事実である。

　幼稚園や保育園の場合には保護者のかかわりが濃厚で，危険な目に遭うことは少ないが，小学校に入学した段階から，子どもだけの登校が始まる。通学路という空間は法律的には定義が曖昧で責任の所在も明確でない空間である。生活科でも現行の「小学校学習指導要領」において安全学習の単元が明確化されている。子ども110番の家の方との接点も生活科でこそ準備したい学習なのではないだろうか。

　ところで，今日，都市部での体感治安は確実に悪化している。統計的にはこの5年間の子どもを巻き込んだ刑法犯罪発生件数は減少の一途をたどってはいるが，報道の過熱も相俟って人々が感じる治安悪化への感覚は，減少してはいない。また，自然災害への懸念も強まっている。低学年児童だから簡単な安全指導でよいわけではない。

　これに対し，大人の側からの防犯や防災活動だけを強化しても限界がある。幼い子ども自身が危機を予測し，回避できる能力を身につけなければ，効果的な対策には至らない。このような考え方で有力な防犯対策となっている考え方が，犯罪機会論の立場である。この立場の代表的な研究者である立正大学の小宮信夫氏の提唱する「入りやすくて見えにくい」場所の洗い出しとその場所を強く認識し，できる限りその場所に行かない行為を選択することが予防となるだろう。

　しかし，通学路にそういった場所がある場合，どうしても通過しなければならないケースもある。あるいは公園における野外遊びを制約するだけでは大切な自然体験が育たない。そこで街歩きという安全点検を経験し，安全マップという二次元の表現物で表す作業は大事であり，空間認知の形成と相俟って「生きる力」を身につけることにもなろう。

　安全教育をこれまで通り，特別活動や保健体育科（健康学習）のジャンルに押し込んでいるだけでは不十分である。生活科をはじめとする教科や総合的学習の時間に実践的に扱う必要がある。

3　通学路探検と子ども110番の家とのかかわりを促す単元計画

　ここでは名古屋市南区のある公立小学校で実際に実施された活動をもとに報告したい。第2学年対象の単元である。

表　単元計画「安全をまもる人とばしょ」(全8時間)

時	おもな学習活動	指導上の留意点
第1時	・学区の中の危険な場所と安全な場所について知る。 ・自分たちを守ってくれる人たちがいることについて知る。	・学区の中の安全な場所とそうでない場所の写真を見せ、学区の絵地図上でどの場所かを示しながら、確かめさせる。 ・写真やステッカーなどを用いて安全マップや見守り隊、子ども110番の家など学区で行われている防犯活動を紹介する。
第2時	・学区の安全や自分たちを守ってくれる人たちがいることに関心をもつ。 ・地図上にそれぞれが訪問する場所と歩くコースを書き入れる。	・「気をつける場所(入りやすくて・見えにくい場所)探し」をすることと、通学路沿いにある子ども110番の家を訪問することを伝える。 ・グループごとに隊長などの役割を決めておくように指導する。 ・通学路ごとにグループをつくり、それぞれが訪問する場所とコースを知らせ、地図に書き込ませる。
第3時	・通学路たんけんと子ども110番の家訪問時に注意することを確認する。 ・地図の読み方を学ぶ。	・交通安全に気をつけること、挨拶をしっかりすること、110番の家の人の言うことをちゃんと聞くこと、その場でメモをしてくることなどを確認させる。 ・歩いていく方向と地図の見ている方向を合わせるように指示する。
第4〜5時	・通学路を探検し子ども110番の家を訪問する。 ・あらかじめ考えておいた質問に沿ってインタビューする。 ・110番の家の人の話を聞く。	・引率を手伝ってくれる保護者を数人確保しておく。 ・あらかじめ110番の家の人に安全に気をつけるような話をしてくれるように依頼しておく。 ・戻ってきたグループを確実に点呼して確認する。
第6時	・「気をつける場所」のまとめをする。 ・学区内に「気をつける場所」があることを地図に示して理解する。 ・探検の感想をまとめる。	・大きめの地図を用意し、探検した場所を地図に位置付けさせる。 ・アイコンや言葉を使って「車が急に出てくる交差点」「夕方になると暗くなる道」「誰も見ていてくれない壁のある場所」などと具体的に記させる。
第7時	・子ども110番の家の人へのお礼のメッセージカードを書く。 ・メッセージカードを見せ合う。	・自分たちを見守ってくれる人の存在にも触れ、通学路への愛着を強める。 ・110番の家の人に教えてもらったことをお礼のメッセージ文に含ませて書かせる。

第8時	・メッセージカードを110番の家の人に手渡しに再度訪問する。 ・これからも登下校に自分たちを守ってくれるように頼む。	・子どもたちが歩くコースを見回り，安全確保に努める。 ・学校に戻ってきた子どもを点呼する。

4　通学路探検の実際

　筆者が同行した探検グループの動きを解説してみたい。通学路探検を行うにあたり，子どもたちにアンケートを行うと「みんなでたんけんに行きたい場所」「みんなに教えてあげたいすてきな人」に対し，学区内の21ヶ所の店舗や習い事教室が挙げられた。その中から訪問の協力が得られた17ヶ所が子どもたちの探検先に決まった。さらに安全指導の視点を取り入れるため，通学路にある子ども110番の家を訪問先に入れるように支援した。子どもたちは，それぞれ行きたい場所ごとに3〜7人のグループをつくり，たんけんで歩くコースと訪問先を学区の地図に書き入れた。さらに，訪問先で質問したいことを各自考え，あらかじめプリントに記させておいた。

　訪問の実際場面を1例紹介しよう。筆者が同行したグループではまず最初にタバコや菓子を扱う店舗を訪問した。子どもたちは「おはようございます」と元気に挨拶して中に入った。商店主と一通り挨拶を済ませると，早速インタビューが始まった。「お店は何時から何時までやっていますか？」「1日に何人くらいお客さんが来ますか？」など，あらかじめ考えておいた質問に対して丁寧に答えてくださった。子どもから「タバコは何種類くらいありますか？」との質問に対し「140種類だよ」という回答に驚いていた。さらに店内にあるお菓子に目を奪われる子どもの姿も見られた。全員が質問を終えると商店主にお礼をし，その場を後にした。わずか10分程度で最初の訪問は終了した。

　次に子どもたちが向かったのは「子ども110番の家」に指定されている新聞専売店であった。地図を見ながら，角を曲がり，店を見つけると喜んで駆け寄った。ここでもきちんと挨拶し，学校で配布されていたプリントを読みながら「いつも見守ってくれてありがとうございます」と感謝の気持ちを伝えた。店の方からは，笑顔で「どういたしまして」と言葉をもらい，訪問は

すぐに終了した。防犯や交通安全に対する意見を尋ねてみることも大切であったが，子どもたちの探検意識の中では防犯は希薄であったようだ。

　帰り道における子どもたちのようすはそれまでとは異なり，「カレーのにおいがするよ」「ここはごみ屋敷だ。なんでこんなにごみがあるんだろう」などと帰り道にあるいろいろなものに興味を示していた。無事に探検と訪問を済ませて，目的が果たせたので心理的に余裕が見られたのかもしれない。子どもたちが危険を感じる場所として記入が多かった神社の前を通りかかると「ここはよく来るよ。お母さんは来ちゃだめだと言うけど」と子どもたちだけの遊び場について話す子どももいた。さらに帰り道に別のグループがコンビニの前を通りかかった際に「なかよしの店長さーん」と声をかけるシーンもあった。このグループは，店の裏側にある冷蔵室に入らせてもらったり，店長とたくさんの話をしたりといろいろな体験をさせてもらったようであった。「店長さんはすごくいい人だったよ」「私，店長さん大好き」と楽しげに話し，訪問先にかなり親しみをもったようである。

5　カードから子ども110番の家の人とのかかわりを見とる評価活動

　探検に出かけていた時間はグループごとでかなり異なり，ほとんどのグループは予定より早めに学校に戻ってきた。子どもたちからは「もう戻ってきちゃった」「もっと探検したかった」という感想が聞かれた。

　評価の観点から実際の探検に同行して気づいた点は，以下の点である。それは，通学路のお店探検を主にし，子ども110番の家訪問を従に置いて計画したせいで，子どもたちの間には子ども110番の家への認識が深まったとは必ずしも言えない点である。子ども110番の家の人がどうして通学路に設定されているのか，どういった気持ちで見守っていてくれているのかを子どもにきちんと理解させておくことができたのか，不十分な結果であった。

　生活科の指導では，2つのねらいを指導のめあてにおくと失敗する。子どもたちはタバコ屋という店舗の訪問のほうばかり印象に残り，安全を守ってくれている110番の家のほうにはあまり注目していなかった。学校外への探

検活動の機会が限られているため，どうしてもねらいを欲張ってしまいがちであり，かえって活動が浅く終わってしまいかねない。安全意識の醸成は，そのことだけに絞らなければ成果は残らないのである。

6 実践へのメッセージ

（1）空間認知形成

「がっこうたんけん」や「つうがくろしょうかい」「まちたんけん」などの重要な単元が生活科には用意されてはいるものの，空間認知形成を重視した扱いにはなっておらず，地図を用いるか否かの授業内容も教師の意識に任されている。このため，2年生に至っても基本方位の概念さえも理解できておらず，景観を横から眺めるルートマップ型の心像にとどまっている。ピアジェの心理学で言えば前操作的段階が正常に発達できていない。

空間認知形成に失敗している生活科学習を改善するために，どのような指導の工夫を施せば正常化できるのであろうか。鍵となる指導は，通学路を中心に扱う「みち」への着目である。

子どもは日常通学している自宅から学校までの通学路を空間認知の軸線として頭の中で描いている。短冊用紙を配布すれば，どの子どもも通学路のようすの記憶を再生することができ，比較的容易に通学路地図を描ける。しかし，通学路の景観標識のどれを記憶しており，距離尺度がどのように形成されているかという点においては個々人の子どもで異なっている。

一方，通学路には子どもの安全を守ってくれる子ども110番の家が点在している。この地点を通学路認識の標識としてもっと活用できないだろうか。通学路には，店舗や公園もあるかもしれない。まちたんけんのねらいも扱うことができる。「入りやすくて見えにくい場所」に気をつけよう，「入りにくくて見えやすい場所」は安全だよ，という安全意識を通学路を例に考えさせることができよう。子ども自身が通学路を軸に学区内を具体的に頭の中の地図に描ける能力は，学区の安全意識を確かなものとし情緒の安定をもたらすだけでなく，抽象化や記号化能力の伸長を期待する上からも大切な能力である。

(2) 生活科の地図単元

　生活科の学習内容の中で地図が軸となる単元は３つある。１つ目は入学間もない４月中旬から始まる単元「がっこうたんけん」である。これは，第8章でも述べたが学校生活への適応を意図した学習内容で，学校内の施設配置や学校内で働く大人（校長や学校事務，給食室の栄養教諭，保健室の養護教諭など）がふだん勤めている部屋の位置，校庭の生き物が見つかる場所などを認知の対象とした学習である。

　２つ目の単元は，「つうがくろしょうかい」である。１年生の６月頃に展開される単元で，学校生活に慣れた頃，通学路を改めて見直し，安全に気をつけて通学すること，通学路沿いの事象に触れて愛着をもつこと，などがねらいとして入っている。これは，空間認知で言えばルートマップの形成である。道なりに児童は行動し，路面のアングルから地図を描く。児童に理解されやすい言葉に直すと「にょろにょろ地図」である。方位や距離感も正確ではなく，自己中心的な認知にとどまっている段階の地図が登場する。

　３つ目の単元は，２年生の秋に展開する単元「まちたんけん」である。これは，学校近隣の町に出かけて，お気に入りの場所やお店を紹介し，地域に愛着をもたせる目的で実施される。また，この延長で「秋の公園たんけん」につなげる場合もある。扱う地図は一部，平面地図の要件を有し，心理学で言えばサーベイマップの段階も含む地図が登場する。２年生の秋のこの単元はこの学年のメイン単元であり，多い場合は30時間もの時間数を当てる場合もある。３年生以降の発達につなげる意味でも重要な単元と言えよう。

(3) にょろにょろ地図から学区の平面地図へつなぐ手法

　筆者が近年提唱している新しい指導法がある。それは，２年生の単元「秋のまちたんけん」で安全に気をつけて行う指導法である。

　これは児童一人ひとりに，横15センチ，縦45センチ程度の長方形の短冊紙を配布し，手書きで通学路の地図を描かせる手法である。短冊の半分に折り目を付けて，「通学路の途中で安全を守ってくれる人や場所はありませんか？途中の場所を１つ，折り目に書いてください」と指示して「自宅→学校」までの空間を描かせるのである（図の①）。

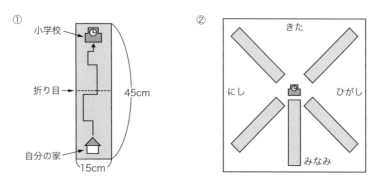

図　短冊用紙に通学路のにょろにょろ地図を描かせる指導法

出所）筆者作成（2012年）

　児童は，空間認知の表象がルートマップの形に留まっているものの，自宅から学校までの通学路沿いの景観標識は容易に思い出すものである。横断歩道や地下道，お気に入りの犬，お店，樹木など児童なりのランドマークが描かれる。新しい指導法はこの後に続く段階にある。15名程度の児童の「にょろにょろ地図」ができたら，１枚の大きな模造紙にそれらの短冊地図を貼り付けるのである。模造紙には中央に学校の絵記号が描かれ，四隅に「きた，ひがし，みなみ，にし」と記してある。児童は東西南北の方位名称は知っているが，具体的にどの方位がそれらに当てはまるのかが認知されていないだけである（図の②）。

　そこで，学級の部屋の中で窓から見える風景と四方位を当てはめる思考場面がどうしても欠かせない。「向きには名前が付いています。廊下の窓から向こうに見えるマンションのほうを『きた』と呼びます」「教室の後ろの壁のほうを『ひがし』」「運動場の見える窓のほうは『みなみ』です。『きた』の反対の向きだね」「そして黒板のあるほうが『にし』と言います」と丁寧に教えるのである。そうすれば，「ぼくは，運動場の先のほうに家があるから，学校から見ると『みなみ』のほうから通学しているんだね」と理解できる児童が登場してくる。

　その際に，「よしお君はみなみのほうからやってくるから，描いてくれたにょろにょろ地図は『みなみ』と書いたほうに家を描いた短冊の端を貼り付け，

学校が模造紙の中心になるように貼るといいね」と確認しながら，児童の地図を学校を中心に放射状に貼り付けるのである。学校のすぐ近くに住んでいる児童には，よく行くスーパーや塾までの間を描かせたり，学区の広がりがある方位に偏っていたりする場合には，通学距離が長い児童もいるため，短冊用紙を2枚長くつなぎ合わせて描かせても良い。この作業を通して児童たちは，学級の仲間は学校の周りのいろいろな方向から学校にやってきているという事実を面的に思考し理解することが可能となる。もちろん，各児童が描いた短冊地図はルートマップ型のメンタルマップであり，距離表示も正しくない。しかし，一枚の模造紙に方位を合わせて貼り合わされることによって学校を中心とした方位感も正しいサーベイマップに位置付くことが期待される。子どもが誕生して空間行動を活発化させながら，自己の環境認知を広げていく過程で手描きの地図は触媒の働きを果たしてくれる。たんけん活動を繰り返すことで児童の中に認知地図が形成される。

確認問題

1　通学路の安全指導において安全を守る人との出会わせ方やかかわりをどのように扱うかまとめよう。
2　低学年児童の通学路を中心にした認識の内容に関してその特色をまとめよう。

より深く学習するための参考文献
・寺本潔『犯罪・事故から子どもを守る学区と学校の防犯アクション41』黎明書房，2006年
・寺本潔『思考力が育つ地図＆地球儀の活用』教育出版，2012年

第10章

公共物や公共施設への気付きを育む内容

　現在，公共の意識や感受性の育成が求められている。この内容の学習で
は，公共物や公共施設の利用を通して，みんなで使うものや場所があるこ
とを学ぶ意義について解説した。また，それらを支えている人がいること
や，それらを大切にし，安全に気をつけて正しく利用できるようにしてい
くための手立てや，公共性に気づいている姿の評価についても解説した。

キーワード

　公共の意識　みんなで使うもの　公共物や公共施設
　公共性への気付き　公共性に気づいている姿の評価

1　みんなで使うものや場所についての気付きを培う単元

(1) 身の周りにはみんなで使うものがあることに気づくこと

　学校で学ぶことの一つに，他者の中で自分という存在に気づくことと，私
たちは一人で生活しているのではなく，家族や友達など，他の人とともに暮
らしているということに気づくことがある。そして，身の周りにはみんなで
使う公共のものや場所があり，それらは，それを支えている人がいて，みん
なが便利に使えたり，気持ちよく使えたりしていることがわかるということ
がある。代表的なものとしては，電車やバスなどの乗り物，公園の砂場や滑
り台，ブランコ，図書館の本などがあろう。また，場所としての，公園や図

書館，駅や公民館，市民プールなどが挙げられよう。

　その中で，小学校は，子どもたちにとってもっとも身近な公共の場所である。毎日学校へ通い，そこでの勉強や遊びが生活の中心となる。また，友達や先生と接するなかで親しみを感じ愛着をもつようになっていく。

　公共物や公共の場所，施設を学習対象とする際には，実際に利用したり繰り返し訪れたりして，それらが自分にとって大切なものであることや，他の人にとっても便利な場所であることなど，みんなで使うものや場所であるということが実感として捉えられるようにしていくことが大切である。さらに，身の周りにはみんなで使うものがたくさんあることに気づき，それらを利用して生活していくうえでは，「みんなで使うものは，自分にとっても他の人にとっても気持ちよく利用して生活できるようにしていこうとする」公共を意識した態度を培っていきたい。

　その際，みんなで使う場所へ自分たちでできることを考えて，たとえば，訪問してお世話になった公民館や図書館に，自分たちが世話をして育てた草花を届けたり，施設を利用して交流した楽しさや感謝の気持ちを手紙や作文，絵などに表して知らせたりするなど，みんなで使う公共の場に子どもが主体的に働きかけていく活動を設定するようにしていきたい。そのようにすることで，単なる利用者という立場を越えて，みんなで使い支えていくという公共への意識をよりいっそう高めることができ，自分自身の力でよりよい生活をつくり出していく態度を養っていくことができる。

（2）みんなで使うものや場所には，それを支えている人がいることに気づくこと

　公共物や公共施設を対象とした学習においては，それらをみんなが利用できるように支えている人々がいることに気づくことができるようにしていくことが大切である。そのためには，学習の対象となる公共のものや場所，施設にかかわりのある「人」との出会いの場を設定することが有効である。

　子どもたちは，活動のはじめの段階では，対象となる公共のものや場所，施設等を利用して，それらのよさや快適さ，便利さなどを感じることが中心になる。そうした活動を通しての各自の気付きを出し合うなかで，それらのよ

さや快適さ便利さなどが感じられるように，ふだんからその場所や施設にかかわって，いつでも使えるように整備したり気持ちよく使えるように掃除をしたりして，それらを維持し支えてくれている人たちがいることに気づくことができるようにしていくことが大切である。

　教師は，事前の教材研究として，活動対象となる公共のものや場所，施設等にかかわって，子どもたちと交流を深めていくことができる人物に当たりを付けておくことが大切である。そして，子どもたちの活動のようすから，その人との出会いの場をタイミングよく設定していけるようにしていきたい。

　子どもたちは，公共のものや場所，施設の大切さを観念的に理解するのではなく，それらをよりよく使えるように支えてくれている人との出会いや，仕事をされている場面を見せてもらったり，疑問に思ったことや知りたいことなどを質問したり話したりして，直接かかわりをもち交流することを通して，みんなで使うものや場所，施設等に親しみをもち，自ら大切に利用しようとする意識をもつことができるようになるのである。

(3) 安全に気をつけて正しく使うことができるとともに，自分たちにできることを考えて実行できるようにしていくこと

　公共性を意識できるようにしていくことについては，これまでの生活科の実践の中でも大切にされてきた。その中で，公共のものや場所，施設等を実際に利用し，その活動の中で人とかかわりながら，使い方や利用の仕方など，「みんなで使うものや場所では，どのようなことに気をつけたらよいか」について考える場を設定していくことが大切である。

　これは，身の周りにはみんなで使うさまざまな公共物や公共施設があることや，それらを多くの人が利用していることに気づくこととともに，それらを自分たちも利用する立場にあることに気づき，よりよい生活者としてどのように行動することが必要なのかについて考えていく大切な学習の場となる。

　教師の側から，「これはみんなで使うものだから大切に使いなさい」とか，「ここはみんなが使う場所だから，他の人が使うことも考えて，使い方のきまりを守って使いなさい」という形で，教えて守らせようとする指導を行うことではない。「公共のものや場所，施設等では，どのようなことを考えて利用

することが必要ですか」と問いかけ，子どもが自ら，みんなで使うものや場所，施設の公共性について考えるようにしていくこと。そして，一人ひとりが考えたことを出し合い話し合っていくなかで，公共性への感受性を高め，気付きを引き出していけるよう学習を展開させていきたい。

2　公共性への気付きを重視した単元構成

（1）身の周りにはみんなで使うものがあることを実感するために

　自分たちの身の周りにみんなで使うものや場所，施設等があることに気づくことは，これから社会の一員として生活し，自分たちの行動を判断し実行していくうえで，欠くことのできないものである。そして，それらを利用することは，自分自身の生活を広げたり，生活を豊かにしたりしていくためにも大切なことである。

　この内容の学習では，身の周りにはみんなで使うものがあることがわかるだけでなく，公共物や公共施設には，それらを支えている人々がいることに気づくことが求められている。そのためには，実際に利用するなかで，職員として働いている人やボランティアスタッフの方などと，直接かかわる機会を設けていくことが大切である。人を通して，自分たち以外にも多くの人々が利用していることや，気持ちよく，より便利に利用できるように願っていることなどを知ることによって，自分たちが公共物や施設を「大切にしよう」とか「きれいに使おう」といった公共の意識をもつことにつながっていくのである。

（2）人とかかわることを通して，思いを深めていく

　「小学校学習指導要領」内容（3）の「地域と生活」では，町の探検の活動を展開するなかで，地域にある公民館や図書館，児童館などを訪れ，内容（4）の「公共物や公共施設の利用」の学習活動を組み合わせて行うことが考えられる。

　たとえば，公民館を訪れて活動する際には，子どもが利用できる施設や講座を体験するだけでなく，その施設をいろいろな目的で利用する人々がいる

ことや，利用の目的に応じて使用できる部屋や，年齢や対象が違う多様な講座が用意されていることに気づくことができるようにしていきたい。

そのために教師は，子どもに合った体験ができるように事前に施設を訪ね，見せてもらう場所や，お話の中でぜひ触れてほしいことなどについて十分に打ち合わせておくことが大切である。そうすることで，自分たちにとって楽しい場所であるだけでなく地域の他の人たちにとっても役に立っている施設であることに気づき，町の人々みんなにとって大切な施設であることや，施設を支えてくれている人たちがいることを実感的にわかっていくのである。

内容(4)では，学習対象とする場所や施設を実際に利用することを通して，それらを多くの人が利用していることや，みんなで気持ちよく利用できるようにルールやマナーがあることに気づくことが大切である。

ルールやマナーを学ぶ際には，そのことだけを取りあげるのではなく，実際に利用する活動を通して必要となるものを，その場に応じて適切に指導していくようにしていきたい。そして，安全に気をつけて正しく利用しようという思いを深め，みんなが利用する公共の場であることについて自分なりの考えをもって話し合うことができるようにしていきたい。

3　公共への気付きを育む単元の目標と単元計画

単元「みんなの△△公園に行こう！」（１年）の目標

子どもたちの認識が学校の周りへと広がり，学区にある公園に関心が向いたことなどを契機として公園探検を行い，公園はいろいろな人が利用していることや多くの施設があることに気づくとともに，公園で遊ぶことを通して，みんなが気持ちよく使うためのルールがあることや，利用する他の人にも配慮するマナーがあることに気づくことができる。また，公園の掃除や整備をしてくれている人がいることに気づき，みんなが使う場所やものを大切にしようと考えたり自分たちでできることを実行したりすることができる。

表　単元計画「みんなの△△公園に行こう！」(全12時間)

○子どもの学習活動・予想される反応	・教師のかかわりや留意点
1　△△公園に行きたい！（1時間） ○町探検の中で，好きな場所や楽しい経験をした場所について話し合い，△△公園へ行って遊ぶ公園探検の計画を立てる。 ・いつも遊びに行っている△△公園の滑り台は，丸く曲がっていて楽しいよ！ ・この前お母さんと，図書館のお話し会に行ってきました。	・町探検などをきっかけにして公園や公共施設に関心をもち，自分たちの経験を出し合って，その場所に行ってみたいという思いが高まるように話し合いを進めていく。 ・子どもの話の中から楽しかったことを引き出し，公園へ関心が高まるようにしていく。 ・△△公園を十分体感できるように，活動時間を確保して計画しておく。
2　△△公園で遊ぼう！（2時間） ○「公園探検」に行って，その場所を生かした遊びを存分に行い，△△公園を思いっきり楽しむ。 ・高いところがいろいろあったので，楽しく高鬼ができました！ ・広場のすぐ近くに水飲み場やトイレがあって便利でした。	・活動を通して，公園の中にどのような場所や施設があるかがわかるようにするとともに，公園を利用する人々についても目が向いていくように支援していく。 ・「公園探検」の発見カードから公共への気付きが生まれているものを取りあげて地図に位置付けるなどして，全体で共有できるように話し合いの場を構成していく。
3　△△公園はどんな公園？（3時間） ○公園探検でわかったことや気づいたことをカードに書いて報告し合い，「△△公園はどんな公園か」について感じたことや気づいたことについて話し合う。 ・公園には小さな子どもを遊ばせているお母さんや，散歩に来ている人，ベンチで休んでいる人など，いろいろな人が来ていました。 ・町のみんなが楽しく過ごせる場所だと思いました。	・報告全体を通して，公園にはいろいろな人が来ていることや，みんなが使う施設や道具があることなどに気づくことができるように話し合いを進めていく。
4　こんにちは！□□さん（3時間） ○公園探検で出会った□□さんに，いつも公園をきれいに清掃しているわけやその思いを話してもらい，感じたことや考えたことについて話し合う。 ・公園を利用する人たちが気持ちよく利用できるようにと考えて掃除してくれていたんだね。 ・僕たちは，公園をどのように利用したらいいのかな？	・□□さんとお話ししたグループの発表をきっかけに，ボランティアで公園の清掃や花壇の世話をしている□□さんのお話を伺って，公園への思いに触れることができるようにしていく。 ・□□さんの思いから公園の利用の仕方を考えたり，思いを生かした活動を考えたりできるように話し合っていく。
5　みんなの△△公園にするために！（3時間） ○公園で実行できそうな作戦を考えて話し合ったことを，△△公園にかかわっている□□さんたちに自分なりの方法を工夫して発表する交流会を開く。 ・△△公園はみんなが楽しむ場所なので，ほかの人に迷惑を掛けないように注意して使うよう	・地域の人々を招待して，△△公園の利用について自分たちが考えたアイデアを工夫して伝えることができるようにしていく。 ・自分たちの思いや考えを一方的に発表するだけではなく，地域の方から発表を聞いての感想などをもらう場を設けて，交流し合うことができるようにしていく。

| にします！
・ケガをしたり汚したりしないように，安全に
正しく使うようにします！ | |

4　公共物や公共施設を利用する活動の展開とそのポイント

（1）活動意識の連続性を図ったきっかけから展開していく

　町探検が展開されていくなかで，子どもたちとの会話の中に，自分たちが遊んでいる場所や，遊んで楽しかったところなどが出てきたことをきっかけとして，好きな場所や遊んで楽しかった場所を出し合って，その中から，自分たち以外の人も使っているみんなが利用する場所など，公共性へと目を向けていくことができるような場所を選ぶようにしていきたい。

　また，学校探検や町探検で，いろいろな場所から発見する喜びを味わった経験につなげて，「たくさん発見したい！」という願いを引き出し，「△△公園に行きたい！」という思いが生まれてくるようにしていきたい。

（2）人とのかかわりから，公共性への思いを知る活動へ

　訪れる場所の選択にあたっては，繰り返しかかわることができるか，自分たちで考えたことをやってみることができるかということなども，大切な選択の条件となる。△△公園という同じ場所で繰り返し活動することによって，そこにいつも来ている人や，みんなが利用する物や施設を維持管理するために公園にかかわっている人がいることに気づき，その人たちと出会う場が生まれてくることになる。

　そして，人との出会いの場から，□□さんの思いに触れ，その思いに共感することを通して，公共性につながる□□さんの思いを自分たちのものとして大切にしようとする心が生まれてくることになる。展開にあたっては，自分たちの身の周りにみんなで使うものがあり，それらを支えている人がいることを，子どもが実感を通してわかるようにしていくことが大切である。

5　公共性への気付きを引き出し，その姿を見とる評価

　繰り返し公園を訪れていると，公園の維持管理のために働いている人に出会い，その方からお話を伺う機会をもつことができる。そうした出会いを生かして伺うお話から，「次に使う人が気持ちよく使うことができるように，毎日この場所を掃除しています」「公園に来た人がこの花を見て，きれいな公園だなと思ってくれたらいいなと考えて，いつも花壇の世話をしています」というような，その方の思いを知ることができる。

　人の思いに触れた子どもたちは，活動の記録やカードなどにその思いを受け止めて，「この場所は，お年寄りの方にとっても赤ちゃんにとっても，楽しく過ごせるすてきな場所だと思いました」「他の人たちも使うことを考えて丁寧に使うようにしていきたいです」というように，公共性につながる考え方を自分の考えに取り入れる姿が生まれてくる。このような公共性への気付きが生まれている姿を見とれるとき，それを全体の場へ取りあげ，価値付けていくことで，そのよさや公共性のもつ意味を学級全体で共有し，共感的に理解していくことができるであろう。

　意欲をもって取り組んでいる姿は，活動するようすを見るだけで判断できるが，公共性への気付きは，学習対象そのものから気づくことではなく，それがどのように利用されているか，人々にとってどんな役割を果たしているかなどの点から，そのことに気づいていることが言葉や行動に表され，それを見とって判断しなければならないので，なかなかむずかしい。

　そこで，施設を利用する体験活動を行うだけでなく，体験活動を実施した後で気づいたことや考えたことなどを書いた発見カードを作ったり，それらを発表し合って互いの気付きを交流したりするような，振り返りやまとめの活動を設定していくことが必要である。これらの活動を行っていくなかで書かれたカードや発表する言葉の中に，公共性への気付きに触れるものがあれば，そこから公共性に気づいている姿を見とることができるであろう。

6 実践へのメッセージ

(1) 公共交通機関を利用する場を設けてわくわく感をつくる

　この活動では，△△公園へ行くための手段も学習内容と直接つながってくる。電車やバスを使って目的地まで行く活動を組み入れることで，活動そのものが公共物や公共施設を利用することになるなど，より学習のねらいに即した学習活動を構成していくことができる。

　電車やバスなどの公共交通機関の利用については，交通網の発達している都市部の地域と，自動車での移動や送り迎えが一般的になっている地域とでは，その背景となる経験に大きな違いがある。後者の場合，自分一人で電車やバスを利用したことがある児童は少なく，この活動はぜひとも体験させたい活動となるであろう。

　公共交通機関を利用する活動では，料金をどのようにして払うのかについて調べていくようにしたい。最近は，電車やバスの乗り降りにICカードを利用するシステムが普及してきており，直接現金を払わなくてもすむ乗り方が主流になってきている。そこで，保護者や祖父母とバスに乗って出かけた経験がある児童や，通学の際にバスを利用している児童など，ICカードを使った乗り降りをした経験のある子の話などを窓口にして疑問を共有し，実際の乗車体験を通して，疑問を調べていこうとする課題意識につなげていきたい。

　そのことから，バスの乗り降りの仕方やその時の運転手さんの仕事に注目し，詳しく調べようとしたり，交通安全や時刻などに気をつけて運行する公共交通機関の役割を考えようと意欲的に調べようとする姿が生まれて，公共交通機関のもつ公共性について考えていく活動に発展させていくことができる。

　ただし，調べる活動では，仕組みをただ詳しく知ることだけにならないようにしていく必要がある。前述のように，人とのかかわりを通して携わる人の思いや工夫に着目し，生活科の原点である自分とのかかわりの中で公共性への気付きを引き出していけるように発展させていくことが大切である。

(2) 感謝の気持ちを伝える活動に発展させていく

　内容 (4) の「公共物や公共施設の利用」でねらいとしている「身の回りにはみんなで使うものがあること」や「それを支えている人々がいること」などにつながっていく気付きとして取りあげていくことで，自分たちの学校生活を支えている仕事があり，それをしてくれている人々がいることへと気付きの視野を広げていくことができる。

　このような公共の意識が育つことで，「他の人も使うものだから丁寧に使おう」「みんなが使うところだから，騒いでしまって迷惑がかからないようにしよう」「いつも気持ちよく使えるように掃除をしてくれている管理人さんに，お礼を言おう」などの気付きが生まれてくるのである。

　そのような気付きから，みんなのためにと考えて活動している方に，感謝の気持ちを伝える活動へと発展させていくことも，この単元を豊かに展開していくための方法として検討していきたい。

確認問題

1　生活科の内容として公共物や公共施設を取りあげるねらいについてまとめよう。
2　公共物や公共施設を大切にし，安全に気をつけて正しく利用することができる態度の育成について，道徳教育と関連付けながら述べよう。
3　公共物や公共施設を利用した活動を行う際には，どんな工夫や配慮をして行うことが大切だろうか。その手立てについて書こう。

より深く学習するための参考文献
・寺本潔・山内かおり『授業するのが楽しくなる生活科・総合・特活の技とアイディア44』黎明書房，2008年

第 **11** 章

スタートカリキュラムの
必要性と指導内容

　スタートカリキュラムとは，どのようなカリキュラムだろうか。なぜ，必要とされているのだろうか。また，どのような視点で作成することが求められているのか，その内容について検討していく。

キーワード

教育の連続性　幼児期と小学校以降の接続　遊びから学びへ
教科教育のスタートとしての生活科

1　学校生活での生活習慣の定着と学びの意欲を育む

（1）幼小接続期と生活科

　教育の連続性・一貫性の確保が求められて久しい。幼小接続期において，体系的な教育の組織的・継続的な取り組みが必要である。

　「小学校学習指導要領」の改訂に伴い，「スタートカリキュラム」という用語が『小学校学習指導要領解説　生活編』に度々，登場するようになった。幼児期の遊び中心の生活から教科学習中心の生活へ変化する段差を滑らかにする単元の構成が必要となる。つまり，自分のしたい遊びを自分で達成したり実現したりする生活から，教科学習では外から来る課題に自分がどのように対処するのか（知識・技能の習得）へと移行していくということである。

　スタートカリキュラムとは，「児童が義務教育の始まりにスムーズに適応していけるようなカリキュラムを構成することです。例えば，小学校第1学年

において，教科を横断した大単元から各教科の単元へと分化していく教育課程を編成することが考えられます。具体的には，生活科において学校を探検する学習活動を行い，そこで発見した事柄について，伝えたいという児童の意欲を生かして，国語科，音楽科，図画工作科においてそれぞれのねらいを踏まえた表現活動を行うなど，合科的に扱うことが考えられます」(http://www.mext.go.jp/a_menu/shotou/new-cs/qa/06.htm) とされている。

　2枚の紙を貼り合わせるとき，必要なものはお互いの紙の「のりしろ」と「のり」である。たとえば，一部の自治体で行われている，小学校教諭による保育士の体験を通した研修は，先の「のり」の部分の話である。小学校の教諭が実際に幼児と触れ合い，かかわり合うことで，年長児の実態を把握するとともに，教師の幼児期の子ども理解・指導観が変化し，幼児期と児童期の2つの教育をよりよくつなげることができるようになる。つまり，「育ちと学びの連続性」を担保するには，その教育活動をつなげる「のり」の役目の教師がその教育観や子ども観について再構築していかなければならない。そして，のりしろの部分となるのがそれぞれのカリキュラムであり，生活科はその核となる。

　子どもの「発達や学び」は連続しているという認識を双方ともにもつことが必要である。それは，教師の立場から，幼児教育と小学校教育を「つなぐこと」に力点をおくのではなく，子どもの経験として生活や学習が続くことを重視するということである。

　ところが，実際には，子ども同士の交流や一緒に研修を行ったり，保育や授業に参加したりして，研修を進めているにもかかわらず，小学校側では，小学校に入学してきた子どもを幼く扱い，ゼロからのスタートとすることがまだ見られる。また，幼児教育にかかわる保育者からは，「あの子たちは，もっといろんなことができたはずなのに」といった声がよく聞かれる。

　そのためにも，子どもが幼児期に身につけた力を効果的に使えるよう，小学校入学時に身につけたい力を共有し，保育・教育のあり方を工夫していくことが大切である。

（2） 幼児教育と小学校教育の違い

　小学校低学年では，幼児教育の成果を踏まえ，体験を重視しつつ，小学校
生活に適応すること，基本的な生活習慣等を育成すること，教科等の学習活
動に円滑に接続を図ること，などが課題として指摘されている。

　そこで，以下（表1）のような，幼児教育と小学校教育の違いを踏まえたう
えで適応指導の工夫・改善をしていきたい。

表1　幼児教育と小学校教育の違い

	幼児教育	小学校教育
教育のねらい・目標方向	方向目標 （「〜味わう」「感じる」などの方向づけを重視） 方向性だけを示し，ここまでという限定のない目標	到達目標 （「〜できるようにする」といった目標への到達度を重視） 最低限ここまでという内容が実体的に設定されている目標
教育環境	環境を通して学ぶ 教師や他の子どもも環境 時間と空間が弾力的	状況に依存しない学び 教材教具 時間と空間が固定的
教育課程	経験カリキュラム （一人ひとりの生活や経験を重視） 子どもの遊びや生活をスタートに，教師から見ても価値ある学びを目指す。	教科カリキュラム （学問の体系を重視） 価値ある内容からスタートし，それを教師の指導によって子どもたちにも価値あるものとする。
教育の方法等	個人友達小集団 「遊び」を通じた総合的な指導 教師が環境を通じて幼児の活動を方向づける 「何を学ぶかが重要」 形式陶冶	学級・学年 教科等の目標・内容に沿って選択された教材によって教育が展開 「何を教えるかが重要」 実質陶冶
評価	個人内評価を重視	到達度評価を重視

　　出所）　善野八千子・前田洋一『幼児期と児童期の接続カリキュラムの開発』
　　　　　MJ-Books，2011年，p.38

　生活科新設の趣旨の中には，幼児教育との連携が重要な要素として位置付
けられている。その意味からも，小1プロブレムなどを解決する生活科が果
たすべき役割には大きなものがある。そこで，これまでも重視してきた幼児
と児童の交流等をはじめとした幼児教育との連携から幼児期の子どもの特性
やこれまでの学び方を理解した接続期（入学後）の指導の工夫が重要である。

（3）「がっこうたんけん」その前に

　さあ，生活科授業の最初の一歩である。入学したばかりの子どもにとって，ヒト・モノ・トコロのすべてが新しい出会いである。新しい環境の中にあって，すべてに期待と不安が混在している。学級やグループの仲間と未知の領域へ足を踏み入れる「がっこうたんけん」の前に必要なことがある。自分の居場所となる教室・自分の席・校庭の遊び場所・生活スペース（靴箱・トイレ・ロッカーなど）がわかり，安心できることである。

　そこで，「学校生活での生活習慣の定着」と「学びの意欲を育む」という2つの視点にポイントをおきたい。

　単元または，1コマの時間の中で複数の教科の目標や内容を組み合わせて学習する合科的指導は，思考や知識が比較的未分化な低学年の子どもの実態に応じた学習であり，就学前後の総合的な学びとの接続を可能にする学習である。生活科を核とした他教科や領域を連携させた合科総合的な活動は，体験を通して学ぶ保育所・幼稚園・こども園等での学びとの接続を可能にする。

2　学校生活への適応と新たな環境への気付きを重視した単元の目標

　学校と生活を扱ったこの単元は生活自立・学習自立の基礎をつくるうえでも重要な第一歩である。そこで，「安心して遊びや生活ができ，施設のようすがわかる」ことや「学校生活のリズムを知る」ことがねらいである。

　ここで紹介する事例は，第1学年生活科学習活動案「どきどきワクワク1年生」（奈良文化女子短期大学幼小連携WG合同研究会試案）全6時間である。幼児期と児童期の接続カリキュラムの中から「入学後2週間」の期間に設定したものを取り出した。

　入学直後の子どもたちが幼児教育で身につけた力を発揮しながら，新たに環境移行した学校生活に慣れながら，自らが主体的に働きかけようとする姿勢を育てることは大切なことである。これまでの環境や学び方との違いを踏まえながら徐々に学校生活に慣れていく活動を工夫したい。そうすることで，新たな学校環境への探究活動を通して，自分なりに対象に働きかける態度の

基礎を養い，自分と学校とのかかわりを深める。さらに，安心して意欲的に学校生活を送ることができるようにしたいと考える。

3　気付きを促す内容と単元計画

　生活科第一学年の最初の単元である。幼児教育施設から小学校施設での環境へと子どもの空間認知が急激に広がる過程にあたる。情報化時代にあって，実際の子どもは，「知っていること」「できること」をかなり身につけているものの環境の違いのために，なかなか「もてる力」が発揮できないことが多い。できないことと慣れていないことは別の次元である。

　生活科学習を通して自然や社会とのつながりの機会を増やし，校内の愛着のある場所への形成を図りながら，子どもにまず安心と安全の世界をひろげる力をつけていきたいものである。以下，単元計画を表にして示したい。

表2　単元計画「どきどきワクワク1年生」(全6時間)

時	小単元名	ねらい	おもな学習活動
第1次(2時間)	はじめまして教室，友達	これまで身につけた基本的生活習慣を生かそうとする。 新しい環境の中で学習の準備や片付けを自分でしようとする。	①先生や友達に挨拶をする。上靴にはきかえ席に着く。 ②みんなと歌や手遊びをしたり，名前を呼ばれたら返事をしたりする。 ③トイレの場所や使い方を知る。 ④ランドセルへの思いやエピソードを聞いたり，片付け方を知ったりする。
第2次(2時間)	自分のことを教え合おう	自分のことを紹介することができるようにする。 (名前・出身園・好きなこと・好きな食べ物など)	①椅子を輪に並べ，みんなの顔が見えるようにする。話し方のルールを知る。 ②「あくしゅでこんにちは」やペアで自己紹介をし合う。 ③自分の名前を書いた名刺(前時に国語の時間に書いたもの)を交換し合う。
第3次(2時間)	校庭探検をしよう (運動場・遊具・学習園・飼育舎)	関心をもって，校庭にある遊具などで遊んだり，観察したりする。 見つけたことや楽しかったことを話したり，聞いたりする。	①校庭で「お話の輪」になって座る。 ②始業前までに遊んだことを話す。 ③校庭の遊具で遊んだり，学習園や飼育舎を見たりする。 ④見つけたものや気に入ったもの，気になったことなどをペアで話したり，クラスのみんなに話したりする。 ⑤遊んだことを絵に描いたり，見つけたことや思ったことなどを書いたりする(文字への興味に応じて)。 ⑥校内でもっと行ってみたい場所や知っていることを話し合う。

4　活動内容の展開と内容面の解釈のポイント

「話す・聞く」を育てる「焦点化・視覚化・共有化」の役割と効果

　文化審議会国語分科会は，「これからの時代に求められる国語力」と題する答申をまとめた（2004年2月）。現状では円滑な人間関係を築くための「話す力」「聞く力」が十分育成されていないなどとして，「伝え合う」ことの重要性を指摘したものである。生活科においても，内容項目（8）「伝え合い・交流」が加わった。

　幼児教育と小学校教育の「伝え合う場」の相違点として，一般的には，小学校では挙手して指名されて話すことや起立して全員に聞こえる声でよくわかるように話すことが求められる。このようなスキルが入学後すぐどの子どもにも身についているわけではない。幼児教育と小学校教育では，聞き手との距離が違う。また，幼児教育においては，保育者が子どもと1対1で聞き取ることも多い。しかも，小学校のスクール形式の座席は子どもにとって緊張感を伴う。しかし，人間関係づくりのスタートにあたって，どの子どもにも「みんなに話してよかった」という体験をさせたい。

　そのためには，「焦点化」「視覚化」「共有化」の3点がキーワードとなる。教師の発問に「何をお話ししてもいいよ」という指示の繰り返しが聞かれることがよくある。入学後の「話す」「聞く」という集団活動においては，とくに何について話すかを事前に伝える「焦点化」が重要である。「学校に来て校庭で初めて見つけたものをあとで話しましょう。時計の長い針が6に来たら，またもとの場所に戻って座りましょう」と「焦点化」してわかりやすく伝える。子どもは見通しをもち，安心して自由に校庭に広がっていき，自分が気になったり，気に入ったりした学習園や遊具等で活動する。

　活動後，校庭の隅でホワイトボードなどに話し合いの内容を整理していく。その際，写真や絵などを準備しておくことで「視覚化」することができる。見つけた生き物はピンクのカード，遊具は黄色のカードなどと，教師が分類して板書整理することも有効である。聴覚情報を上手に整理できない子どもにも視覚情報によるイメージによって，話し合いの内容理解が容易になる。

　「共有化」は，隣の子どもとペアになって「見つけたこと」「してみて面白

かったこと」などを交代で話すこと聞き合うことなどである。授業への全員参加を促し，思考過程を共有できるように生活科の体験を通して工夫していくことが，すべての教育活動でコミュニケーション能力の4要素である「聞く」「話す」「読む」「書く」へとつなげていく素地でもある。

5　子どもの動きからみる人間関係の基礎づくりの理解とその評価

　評価規準として①関心・意欲・態度の項目では「校庭で自分が気になった場所や気に入った遊具を進んで見つけることができる」とした。②思考・表現の項目では「校庭探検をして発見したことや思ったことなどを，話したり描いたりして伝えることができる」とした。③気付きの項目では「今まで知らなかった学校のことがわかり，それらを教えてくれた友達がいることに気づくことができる」とした。これらの規準に基づいて活動全体を評価する。

　たとえば，「飼育舎」でウサギを見つけた子どもたちが幼児教育施設でかかわってきた生き物の発表後に，他の幼児教育施設から来た子ども同士と生き物自慢が広がっていくことがある。「飼育舎発見（ウサギ・アヒル・カメなど）」の発表から，「学校の生きものたんけん」に発展したり，「学習園発見」から「花いっぱいになあれ」と自分たちも栽培したり，動物を飼育してみたいという思いが膨らんでくる。「遊具発見」の発表では，幼児施設において，これまでにできたことや小学校でチャレンジしたいことを教え合ったりする。子どもたちは，まったくの異空間と思って緊張していた新たな環境である校庭で，これまで飼育してきたウサギや栽培した経験のあるチューリップを見つけたり，得意な登り棒に登って見せたりする。このように新たなトコロ・モノ・ヒトとの触れ合いを通して新しい発見がいくつも見られることは，子どもなりに社会性の素地を育てる契機となる。子どもの実態把握や幼児教育で体験したことの情報収集を繰り返しながら適応指導を丁寧にすることによって，今後の生活科における気付きの質も評価活動の質も高まっていくのである。

6　実践へのメッセージ

　入学直後の単元に位置付けられる適応指導は，カリキュラムの改善が必要とされ，学校としてのプランニングスキルが試される。子どもが徐々に学校生活に慣れ，安心して生活できるようにするための計画・立案は，毎年，入学する眼前の子どもの実態から試行錯誤し，臨機応変に組み替えていくことも必要となるからである。

　入学後の子どもの実態を共有するため，「とまどいマトリクス」（表3）を活用してスタートカリキュラムの更新に生かす事例を挙げておく。

表3　とまどいマトリクス

	学びの基礎力 「知・徳・体」	「とまどい」 事例と6つ の要因	①時間	②空間	③人間	④もの	⑤技能	⑥心情
知	③身近な社会生活，生命及び自然に対する正しい理解							
	③身近な社会生活，生命及び自然に対する思考力の芽生え							
	④言葉の正しい使い方							
	⑤豊かな感性と表現力の芽生え							
徳	②家族や身近な人への信頼感							
	②自律及び協同の精神							
	②規範意識の芽生え							
	②集団生活を通じて，喜んでこれに参加する態度							
	③身近な社会生活，生命及び自然に対する興味，態度							
	④相手の話を理解しようとする態度							
体	①健康で，安全で幸福な生活のために必要な基本的な習慣							
	①身体諸機能の調和的発達							

出所）　筆者作成（2012年）

　「とまどいマトリクス」とは，指導者が困っている状況でなく，入学後の学習者の視点に立ち，幼小の教職員相互による子ども理解やカリキュラム理解を深めるための研修ツールである。子どもがとまどう具体例から，幼小間の

文化・習慣・環境・子どもへのかかわり方等の違いに気づき，「知徳体」の自立に向けた価値観を共有することを目的とするものである。

　長年にわたって低学年の担任を経験している小学校教員の複数から，実態として次の2点が挙げられた。一つは，トイレに行きたいときに，「いつ・どこで・どのように伝えればよいか」伝え方がわからないなど，自分で判断できずに失敗してしまうことが増えてきていること。もう一つは，子ども同士の遊びの中で，ルールが共有できないことである。そのほかに，入学後すぐは，全体の場でうまく話せない子どもや，全体への指示に自分も含まれると理解できない子どもが多くいる。

　この点については，「幼児教育では，子どもの話を聞くとき『です・ます』の制限はしないが，小学校教育では『です・ます』調で話す指導が徹底されるため，子どもが話しづらくなっている実態があるのではないか」との意見が出ることが多い。しかし，入学後は，生活科をはじめとした一日の学習や生活場面での言語の使い分けをするという子どもにとって新たな環境移行での「とまどい」であることが共有される。

　また，興味深い入学後の指示のむずかしさのエピソードも紹介しておきたい。小学校で休み時間が終わり，子どもたちが教室に戻ろうとしていたときに，教師が後を追いながら「早く戻りなさい！」と言うと，きびすを返して元いた遊具のほうに戻ろうとした。「『教室に』戻りなさい」としか，教師にとっては考えられない場面であっても，子どもは声を発する教師のほうに戻ってきたというのである。

　ある園では，「体験入学」の後に，子どもたち自身が小学校に向けて態度や言葉づかいを変え始めた。それが小学校に伝わり，入学後のようすも幼稚園に伝えられている。幼小双方の効果をうまくつなぐ担当者がいると有効である。

　幼児教育からは，「入学後に子どもが何に困っているかよくわからない」

写真　教師による読みきかせ

と言われる。しかし，幼児教育でつけた力が使えているのか，つながっているのかを知ることが前提である。入学後の実態を知る機会を早期に設定したり，卒園時点の課題や成長の特徴を事前に伝えたり，入学後に生起した事象にメールで応答したりなどの取り組みは進みつつある。このようなフィードバックシステムを機能させることは，幼児教育の改善計画の根拠ともなる。また，小学校にとっては，実効性のある幼小接続を随時行っていることが保護者との信頼構築ともなり，親子の対話のあり方について働きかけていく具体方策にもなる。

　また，環境構成の工夫についても常に見直しが必要であろう。

　たとえば，児童数によっても変わるが，教室内や多目的室などで始業前に自由遊びができるコーナーを常設するというものである。

　絵本コーナー，かるたコーナー，積み木・カプラコーナー，お絵かきコーナーなどは，新たな人間関係づくりや学習意欲にも大いに関連してくる。

　さらに，子どもが参画する環境構成コーナーも有効である。「今日の発見」で子どもが自主的に教室内に持ち込む自然物等の展示スペースなどである。

　子どもの育ちの滑らかな接続を目指す「スタートカリキュラム」の作成と改善は，地域によって大きな格差が見られる。しかし，入学前の子どもの実態を把握し，これまでの体験や育った力をつないで，生活科を核として育てていくことは当然のことである。

　そのために，地域の小学校と幼児教育施設が，教育課程・年間行事表・栽培活動計画・学校園だより等を随時交換し合うことである。このように，現在作成されている資料から双方向の情報を交換することは可能なことであり，スタートカリキュラム作成の基データとして必要なことである。

　本単元の位置付けは，あらゆる「たんけん」活動のスタートであり，24ヶ月の生活科のみならず，学校生活での適応に大きく関与している。

　換言すれば，新しい仲間や未知の空間に身を置いて，子ども同士が学校・学級の一員としてどのようにかかわり始めたらいいのかという人間関係の基礎づくりとも言えるのである。

1 「スタートカリキュラム」について，その意味や具体的な手立てを要約しよう。

2 本章に記述されている単元計画を参考に「校庭たんけん」に関して調べて500字の解説文を書こう。

第12章

交流を通した人間関係づくりの指導内容

生活科における人間関係づくりとは，どういうものであろうか。また，その目標を達成するためには，どのような活動が育てたい力を育むのであろうか。昨今，重要となっている「言葉の力」や「社会性」から，そのポイントや評価について検討していく。

キーワード

人間関係力　言葉の力　社会性の育成

1　豊かな人間関係力や言葉の力を育む

幼児教育と小学校の交流の活動はかなり広がってきている。しかし，その実態はイベント的な交流が少なくない。幼児が小学校へ行って運動会や生活科の授業に参加したりするものである。この交流の目的は，学習ルールを身につけるためなど，いわゆる小学校生活に適応できる力を身につけさせたいがための交流である。つまり，幼児教育側は，小学校での基本的生活ルールや「先生の話を聞く」とか「自分のしたいことを伝える」などを目的とし，小学校側も，「スムーズな移行ができる」「問題を抱える子どもを事前に知ることができる」ための交流と捉えている事例が多い。

しかし，真の交流には，「育ちの互恵性」が担保されていることが重要である。幼児と児童がともに育つこと，子どもたち自身が育ったことを感じ，互いに意味のある活動となることが大切である。そのためには，その交流に教

育活動としての意味付けが必要となる。交流のなかで「互恵性」を担保するためには，幼小それぞれの教育の目的を明らかにしたうえで，お互いの目的の何を達成するための交流なのかを，活動前にともに考える必要がある。小１プロブレムの解消というような対処療法的な交流ではなく，５・６歳児に身につけてほしい力，その力がついたときの子どもの姿，いわゆる就学能力を身につけた子どもの姿を明確にしたうえで，「交流するまでに幼児や児童一人ひとりの子どもたちに何ができているのか」「その交流後にどんな力がついてほしいのか」を明確にした活動を計画する必要がある。しかし，交流し合う双方に目標と評価計画が設定されていなければ，定着していると思われる交流活動も単なる年中行事でしかない。

　また，交流を通した人間関係づくりに関連する「小学校学習指導要領」の改善の視点として「言語活動の充実」がある。生活に生かす言語力とは相手に伝えたいという思いを実現させる交流活動において実現されていく。そのためには体験を通して自分の思いやイメージを明確にすることが重要である。そして，既有知識や経験と結びつけ，体験を通して「話す」「書く」などの活動が生まれる。目的が明確な生活科においては，話したくてたまらない，書いて伝えたくてたまらない活動が構成されていく。継続した交流活動を通して，言語活動が充実し，また言語活動を通して豊かな人間関係づくりがなされていく。

　児童期においては，同年代の子ども同士のかかわりが密になり，対話活動も活発化していく。しかし，少子化によって，１クラスのみの学校が全国で45％，全学年すべて１クラスが18％である（文部科学省「平成25年度学校基本調査」）。

　このことによって，固定的な人間関係が継続され，丁寧な対話をますます必要としないという教室環境になるのではないかと懸念される。

　生活科における交流活動において，豊かな人間関係と言葉の力を育成する活動は一体的なものである。言葉の力の育成について，現行の学習指導要領では，「生きる力をはぐくむことを目指し，基礎的・基本的な知識及び技能を習得させ，これらを活用して課題を解決するために必要な思考力，判断力，表現力等をはぐくむとともに，主体的に学習に取り組む態度を養うため，言語活動を充実すること」（http://www.mext.go.jp/a_menu/shotou/new-cs/gengo/1301088.htm）

とされた。たとえば，「(1) 児童の発達の段階に応じた指導の充実」の低学年では以下が示されている。

　　○主語と述語（例えば，性質，状態，関係など）を明確にして表現する。
　　○比較の視点（例えば，大きさ，色，形，位置など）を明確にして表現する。
　　○判断と理由の関係を明確にして表現する。
　　○時系列（例えば，まず，次に，そして，など）で表現できる。
　　○互いの話を集中して聞き，話題に沿って話し合う。
　　○書いた物を読み合い，よいところを見付けて感想を伝え合う。
　　○文章の内容と自分の経験とを結び付けて，自分の思いや考えをまとめ，
　　　発表し合う。

　生活科においては，「交流」や「かかわり合う」という言葉で，研究テーマに取りあげている学校園が多数ある。写真1は，小学校1年生との交流「秋あそび」翌日の幼児たちである。園庭で，模倣による「ごっこ遊び」が展開された。「ドングリ転がしやさん」になった幼児は，「1回に転がすドングリは，6個です」と店の客に来た教師に向けて言う。

　ここで，教師は子どもに対して，どのような対話と姿勢を見せるだろうか。

写真1　交流後，「ごっこ遊び」をする園児

　「面白そうね」と関心を寄せたり，「遊び方は，どうするの」と，意欲を引き出したりする。または，「すごいね。6個ずつ数えて入れてあるね」という賞賛の声かけもある。

　ここでは，教師が「なぜ，6個ずつなの？」と，幼児に問いかけた例が以下の対話である。

　幼児：あのね，3個ずつだとすぐに終わってしまって，つまんないの。
　教師：そう。じゃ10個ずつだともっと，面白いんじゃないの？
　幼児：10個ずつだと，いっぱい並んで待たないといけないからつまんない

の。

　教師：そう。だから，6個ずつに決めたのね。

　教師の問いかける対話の連続によって，子どもは「判断と理由の関係を明確にして表現する」ことができている。また，2者が近い距離で「互いの話を集中して聞き，話題に沿って話し合う」ことができている。就学後は，対象者が個から集団へ拡大することを意識させることが徐々に必要となる。

　このような子どもの実態について，交流活動後にも指導者同士が共有して，子どもの言葉の力を引き出し，対話を通して学びをつないでいくことが重要なのである。教師の能力として，相互に伝え合う言語指導や子どものコミュニケーション能力の調整，相互に子どもの話し合いを豊かにする技能が，ますます要求されるということである。

2　社会性の育成へつながる気付きを重視した単元の目標

　次に示す単元においては，「自分の一日の生活を振り返り，家の人と一緒に家庭生活に必要な仕事などをするなかで，家の人と一緒にしたり，自分の役割が増えたりすることの喜びを感じることができる。また，家の人のことや自分でできることなどがわかり，家庭における自分の役割を積極的に果たし，規則正しく健康に気をつけて生活することができる」ことを目指している。

　内容項目(2)「家庭生活に関わる活動を通して，家庭における家族のことや自分でできることなどについて考えることができ，家庭での生活は互いに支え合っていることが分かり，自分の役割を積極的に果たしたり，規則正しく健康に気を付けて生活したりしようとする」に基づいて設定した。

　子どもの経験不足と主体的な学びや意欲や育ちの実現が課題であり，個人差は拡大しているといわれて久しい。さらに，保護者のニーズは多様化し，とくに遊びやお手伝いなどの体験を通した活動については，保護者の理解を得ることが困難な状況にある。

　そこで，就学前の幼児とその保護者と1年生の交流によって，1年生の子どもが自分自身についての理解や自信を深めることができる。

幼児にとっては，小学校生活への期待を膨らませ，不安を和らげ滑らかな接続の第一歩となり，小学校第1学年にとっては次学年への自信と意欲になる。

3　豊かな人間関係づくりと自分の生活への気付きを促す単元計画

表　単元計画「おうちたんけん——じぶんでできることをしよう」(全10時間)

時	小単元名	ねらい	おもな学習活動
第1次(2時間)	じぶんの一日をふりかえろう	家庭における自分の一日の生活を見直し，規則正しく健康に気をつけて生活することができる。	①家庭での，自分の一日の生活を振り返り，記録用紙にかく。②友達と記録用紙を見せ合い，見つけたことや気づいたことを話し合う。
第2次(3時間)	おうちの人といっしょにしよう	○家の人や自分がしている仕事や趣味のことを振り返り，その中から，一緒にできることを考えて，実際に取り組み，家の人と一緒に過ごす楽しさがわかる。	①家の人や自分がしている仕事や趣味のことを振り返り，自分もいっしょにできることを考え，実際にする計画を立てる。②家庭で，家の人といっしょに仕事や趣味をする。③気づいたことやわかったことを記録カードにまとめたり，発表したりする。
第3次(3時間)	じぶんでできることをしよう	○家の人のために自分でできることを考え，実行するなかで，家庭生活が家の人に支えられていることや家庭の中での自分の役割に気づくことができる。	①家庭生活において自分でできることを考え，発表する。②家庭において，計画したことを実行する。③家庭で実行していることを幼児に見せたり，教えたりして伝え，話し合う。
第4次(2時間)	ありがとうをとどけよう	○感謝の気持ちを表した手紙を家の人に渡し，家の人の願いに気づくとともに，これからも自分の家庭での役割を積極的に果たそうとする意欲をもつことができる。	①自分の家庭生活を支えてくれている家の人への感謝の気持ちを手紙にかいて表現する。②家の人に手紙を渡し，家の人と話をしたり，返事の手紙を読んだりする。③気づいたことや今後がんばりたいことなどを，友達や家の人に伝える。

4　活動内容の展開と内容面の解釈のポイント

(1) 交流活動のもつ意味

生活科は，保護者や地域の協力が必要不可欠な教科であり，悩みの種であ

ると言われることさえある。商店街の取材活動に対しては，子どもたちの活動をほほえましく見る店主もあれば，収益に関係ない部外者として避けたい店主もいる。公共交通機関の体験利用をする場合，マナーが身についていないとする抗議の声もある。

　本単元の「おうちたんけん」に関しては，家庭である。その家庭においてさえ，家事を担う保護者の視点に立てば，子どもの挑戦がうれしい反面，作業能率の低下は避けられない。また，保護者の関心や理解についての温度差が生じやすい。また，家庭により環境が異なることを踏まえ，家の人からの手紙を依頼する場合には，十分配慮して実施する。全員ではなく，代表の保護者に依頼した手紙を全体の場で読み上げ，それぞれに，家の人に対する気持ちを考えさせる方法もある。

　他の単元においても，保護者に協力を要請する機会は校外活動での引率・警備や，発表会・交流会のスタッフなどが考えられる。むしろ，そのような機会を生かして，事前に目的や育てたい姿を幼児教育機関や保護者・地域住民に十分説明し，理解を深めつつ協力を得られる。そのことは，生活科で育つ力への理解とともに学校・家庭・地域との連携が強まるということでもある。

　換言すれば，交流とは，地域社会における子ども，家庭における子ども，学校における子どもの人間関係をよりよいものにする活動なのである。

(2)「しごと名人になれるかな」の役割と効果

　生活科の「おうちたんけん」の学習の中の「自分でできる仕事発表会をしよう」の活動を「幼稚園の子に教えよう」という交流活動に発展させ，幼児を対象に広げ取り組んでいる事例を取りあげた。幼児は事前に渡しておいたカードを首からかけて，降園時に親子で来校した。体育館で待っていた1年生が説明する自分でできる仕事コーナ

写真2　掃除の仕方を見せる1年生

一で幼児の親子ともに体験してもらうようにした。児童にとっては自分の仕事を発表する場，幼児にとってはお手伝いへの関心を深める機会とした。

　児童は仕事名人になりきってお手伝いの仕方を幼児に伝えた。また幼児も興味をもって各コーナーを回り，進んで取り組む姿が見られた。

5　交流の深まりと人とのかかわり方を見とる評価

　生活科の特質は，直接体験を重視した学習活動を行うことと生活に関する学習活動を行うことなどにある。また，それらの学習活動において，自分の生活や自分自身について考えさせたり，生活上必要な習慣や技能を身につけさせたり，自立への基礎を養っていくことである。

　本単元の評価は，評価規準として①生活の関心・意欲・態度の項目では，「自分の一日の生活を振り返り，健康で規則正しい生活を送るとともに，家庭の一員として，自分ができる仕事を進んで見つけ，役割を果たそうとしている」とした。②活動や体験についての思考・表現の項目では，「家庭生活やそれを支えている家の人のこと，自分のことや自分でできることなどについて考え，家庭生活が楽しくなるように工夫し，それを振り返って友達や幼児に伝えている」とした。③身近な環境や自分についての気付きの項目では，「家庭生活を支えている家の人のことがわかり，自分でできることに気づいている」とした。これらの規準に基づいて活動全体を評価する。

　続いて，生活科の評価活動の特性として，振り返りの重要性を挙げておきたい。とくに，交流活動後の振り返りとして，書くことから評価することがある。その際，子どもの自己評価ともなる問いは，「楽しかったか，楽しくなかったか」ではない。ここでは，「習得・活用・探求」を踏まえた振り返りワークシートなどの，活用例として示しておきたい。

　次に，第1学年「もうすぐ2年生」の評価計画例を示しておきたい（図）。幼稚園と小学校の評価計画を併記することで交流のねらいと意義を明確にしたものである。

　「来年度に入学してくる新しい1年生を迎えるために，自分の1年間の生活やできるようになったことを振り返ったり，新しい1年生とかかわりを深めたりするなかで，今の自分との違いを実感し，自分自身の成長に気づくとともに，進級への期待感と意欲をもつことができる」ことをねらいとしている。

6　実践へのメッセージ

　各学校の特色ある教育課程においては，交流の場はさまざまに考えられる。前掲では，「おうちたんけん」において自分ができる仕事の交流および「もうすぐ2年生」についての交流の2例を示した。

　さらに，筆者が第三者評価者として参観した，「幼小連携推進」に取り組んでいる小学校の「交流」に関する事例から示しておきたい。X小学校とY幼稚園は隣接しており，前年度から敷地の区切りとなっていたフェンスの一部を撤去した。授業間の休憩時間を10分から20分に延長し，共通の休憩時間帯を設定した。その時間には，幼稚園でドッチボールの相手にあきたらなくなった豪腕の5歳児が小学生に挑む。一緒に遊ばない幼児にとっても，小学校の校庭には多様な遊びが見える環境となった。この活動への刺激や小学校への憧れや期待となり，立地条件を生かした育ちの誘発となっている。

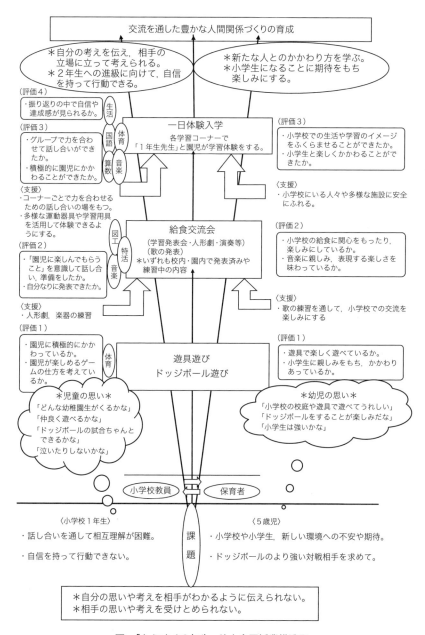

図　「もうすぐ2年生」幼小合同授業構造図
出所）筆者作成（2010年）

交流時に先生たちが着ているのは，色までおそろいのトレーナー。どなたが小学校の先生か幼稚園の先生かわからない。ファッションから入るのもいい。子どもにとっては，どの先生も「私たちの先生」になる。自治体からの兼務発令を待たずして，主体的に部分兼務している。

　公開授業は，１年生生活科の秋の単元である。前時に幼稚園と小学校の目標はそれぞれに設定しながら，一緒に近隣の公園に「秋みつけ」に行っている。幼稚園の教員は，交流活動の中で，昨年の５歳児の時には気づかなかったことを１年生になって秋の自然の変化に気づいていく成長を捉えることができたという。

　その翌日からは素材・学習材を共有して制作活動が始まり，共同の制作活動を始めた。チームで，テーマ設定をしたり，試行錯誤したりしながら，技能の差を交流活動の中で学び合い伝え合う。完成の日，グループ相互の評価と発表，それが本時の授業である。他のグループの制作について相互評価する７人ずつ７グループのすべてのチームは，４歳児・５歳児・１年生の混合で構成されている。チームで相談後に発表するのは１年生とは限らない。言語力育成の成果が，見事に４歳児の発表にも表れる。

　「私たちのグループは，ここ（制作物を指さし）を工夫しました。３班のまつぼっくりの飾りがもっと形を面白く生かしていて面白かったから，すごいと思いました」

　恐るべし４歳児。１年生も負けていられない。賞賛だけでなく，質問もアドバイスも出る活発な相互評価の場となっていた。しかし，このあとの振り返り活動まで幼児と小学生が同じであってはならない。生活科の教科の趣旨やねらいに沿った質的な気付きの高まりは，この活動では思考を深め，書く時間を設定することが望ましい。幼児は楽しかった交流体験を絵に描いたり，自由に続けて制作を楽しんだりすることにもなるだろう。交流活動は合同であっても，目標は，それぞれにある。その目標をなくして交流授業は継続しない。また，他の教育活動を圧迫させる時間の浪費になる。授業時間数の確保が求められる小学校が，「幼稚園のために」時間を使ったと感じるような交流活動であってはならない。教育課程の連携なしに幼児教育と小学校教育の連携・交流は意味をなさない。

　育てたい子どもの姿から，必要なものおよび情報，そして意味のある人々との交流の設定という理解を得て安心や信頼に基づいた息の長い地域における生活科の実践が根付いていくのである。そうしていくことで，毎年度，地域や家庭の協力を得て単元を修正しながら，交流を通した単元開発することで，さらに地域・家庭との連携・交流が深まっていくのである。

確認問題

1　交流を通した人間関係づくりの単元において，配慮すべきことについて要約しよう。
2　本章に記述されている実践を参考に，幼児教育と小学校低学年の交流に関して調べて500字の解説文を書こう。

より深く学習するための参考文献
・善野八千子『学校力・教師力を高める学校評価』明治図書，2007年
・嶋野道弘・田村学監修　松村英治・實來生志子著『小学1年スタートカリキュラム＆活動アイデア』明治図書，2020年

第 13 章

豊かな言語活動でコミュニケーション力を
育てる学習環境の整備と指導内容

　人とのかかわりの中で活動を広げ，思考を深めていくために言語活動の
充実が求められており，豊かな言語活動を通して，コミュニケーション力
を育成することが期待されている。そこで，一人ひとりの気付きを引き出
し，表現し伝え合う豊かな言語活動を展開するための学習環境の整備につ
いて解説した。また，気付きの質を高めるための言語活動の場の設定や，
それを重点的に取り入れた指導計画の工夫と学習環境の整備等についても
解説した。

キーワード

　気付き　気付きの質　言語活動　思考力・表現力
　コミュニケーション力　場の設定　学習環境の整備

1　豊かな言語活動を育てるための指導

（1）活動を通しての豊かな気付きから

　生活科では，活動を通してかかわる対象への気付きや，活動や成長を振り
返っての自分自身への気付きが大切にされている。そして，教師の役割とし
て，この気付きを質的に高め，豊かなものにしていくことが求められている。
　気付きは対象に対する一人ひとりの認識であり，児童の主体的な活動によ
って生まれるものである。また，気付きは多様で個人的なものであり，教師
が児童の気付きを見とったり価値付けたりすることによって本人が自覚でき

るようにしていくことが大切である。一方，気付きには，知的な側面だけではなく情意的な側面も含まれる。また，気付きは次の自発的な活動を誘発するものとなる。したがって，活動を繰り返したり対象とのかかわりを深めたりする活動や体験の充実こそが，気付きの質を高めることにつながっていく。

　活動や体験を通しての対象への気付きは，児童の表現する言葉や立ち居振る舞いに表れてくる。教師はそれを丁寧に見とり，対話や言葉かけ，朱筆の書き入れ，学級全体で話し合う場などを通して，無自覚なものから自覚されたものへと引き出し，豊かなものにしていくことが大切である。

　また，生活科は，働きかける対象への気付きだけではなく，自分自身への気付きへと質的に高まることも大切にしている。自分自身への気付きは，自分自身や自分の生活を見つめ，身近な人々，社会および自然と直接かかわるなかで，新たな気付きをすることである。児童が自分自身についてのイメージを深め，自分のよさや可能性への気付きを引き出していくことで，より豊かな成長につなげていくことが大切である。

（2）気付きや思いの表現としての言語活動

　気付きの質を高めていくうえで鍵となるのが，言語活動である。対象への気付きは，「見付ける」「比べる」「たとえる」などの多様な学習活動を工夫するなかで，多くの気付きが生まれ，それを表現するための豊かな言葉が生まれてくることになる。児童は，気付きを比較したり，分類したり，関連付けたりして考え，より質の高い気付きを生み出していく。

　また，児童が自らの気付きを振り返ったり，互いの気付きや出来事などを交流したりする活動を必要に応じて適切に行うよう工夫し，互いの気付きを認め合ったり，振り返り捉え直したりしていくことも大切である。活動に熱中し没頭したこと，発見したり成功したりしたときの喜びなどは，表現への意欲となり，それを表現する活動は，低学年の時期には欠かせない。

　さらに，思考と表現，表現と活動，活動と思考などは，常に一体的に行われることが多いということにも配慮しなければならない。児童は，表現しながら考え，考えることで表現を変えていくことを繰り返していく。この時期の児童は，思考と表現が行きつ戻りつしながら進んでいく特性をもっている

のである。それらを考慮しながら進めていくことで，活動しながらより積極的な表現がなされたり，気付きや思いを表現する活動に取り組む中で新たな活動が生まれてきたりすることになる。

　児童は，活動するなかでさまざまな気付きをしており，生み出された気づきや思いから表現を模索して，それらを言葉や絵，動作化，劇化などの多様な方法を使って表現していく。そして，このような気付きや思いの表現としての言語活動の充実こそが，生活科の学びとして大切な気付きの質を高めていくことにつながっていくのである。

2　コミュニケーション力を育てるための指導

(1) 言語活動を工夫し充実させることから

　現在，人とのかかわりの希薄化が叫ばれるなか，人とのよりよいコミュニケーションを取り，互いの意思の疎通を図って交流することのできる力を育てていくことが求められている。そうした中で，各教科においても言語活動の充実を図ることが指導上の課題となっている。

　生活科では，自分の身の周りにいる幼児や高齢者，障害のある方や外国人など，地域の多様な人々と触れ合う活動が展開される。また，これからの社会では，言葉による意思疎通がむずかしい場合でも，さまざまな方法によって情報を伝え合うことや，円滑な関係を築いて仲良く生活できることがコミュニケーション力として期待されている。そして，生活科でも，「小学校学習指導要領」内容(8)「生活や出来事の交流」の観点を加えたり，そのことに重点を置いた単元が構想されたりして，言語活動の充実に向けた取り組みが求められている。

　言語活動の充実を図った学習では，国語との関連指導は欠かせないが，生活科や他教科で言語活動を取り入れる場合，国語科で身につけた言語能力を発揮したり，自分たちの思いや願いを実現するために必要な技能として国語で学んだ知識や技能を活用する場として，自分たちの考えや思いを発表して伝え，伝えた相手と考えを話し合い，交流する場面を取り入れたりしていくことが大切である。また，生活科の活動や体験で得られた気付きや感動を国

語の表現を学習する場で生かせるように関連を図り，相乗的な学びにつなげていくことも大切である。

　一方，言語活動の実施にあたって，うまく発表が進行できたか，人前で上手に話すことができたかなど，言葉を使った交流活動の出来映えの善し悪しに力点が注がれることが多い。発表や話し合いなどの方法を身につけることも大切だが，具体的な活動を通して思考と表現を一体的に行うこの時期の発達特性を考えるとき，その基となる活動や体験を通すことや，対象に繰り返しかかわることなど，生活科の原点として大切な活動を十分に行うことがもっとも重要なことである。

　たとえば，まちたんけんで町の人やお店の人とかかわり，その中で感じ取った町のよさを伝えたいという思いから，まちのよさが相手にも伝わるようにと発表の仕方や内容を工夫する活動につながっていくように学習を進めていきたい。このように，活動や体験の中から生まれた気付きや思いを大切にして，児童自らが感じ，考え，表現しようとする活動を言語活動として充実させていくことが大切である。

（2）伝え合い交流する活動の工夫を通して

　はじめは言語活動の充実の観点から，伝えるための発表の準備や交流する活動を充実させた指導を展開していくことも大切である。児童は，体験したことや調べたことを伝え合うなかで自分の発見と友達の発見とを比べて，似ているところや違うところを見つけていく。そして，次にしたいことを考え，思いや疑問，めあてを明確にして，再び次の活動を行っていく。このように，互いに伝え合い交流する活動は，学習する集団としての学びの質を高めるだけでなく，一人ひとりの気付きを質的に高めていくうえでも意味がある学習の場である。生活科の学習の要は，一人ひとりの気付きをそのままに止めずに，全員で共有し合い高め合っていくことが重要である。

　また，伝え合い交流する活動は，同じ学級，同じ学年だけが行うものとは限らない。保育所や幼稚園の幼児をはじめ，学校内でも違う学年の児童と交流したり，活動を通してかかわりの生まれた地域の人々などを招待して，体験したことや調べたことを伝える活動の場を工夫したりしていくことも大切

である。

　こうした活動の場では，相手意識をもち，伝えたいという思いや願いを高めることができる。しかし，一方で，伝えたい内容をしっかりと確実に把握していないと，うまく相手には伝わらない。そこで，発表を聞いている相手にわかりやすく伝える工夫や，飽きさせないようにする工夫などが必要になってくる。また，相手の反応に応じて説明の足りないところを言葉を変えたり補ったりして説明することも必要になってくる。

　このように，伝える内容がうまく伝わるように準備したり，相手のことを考えて準備したりするなかで，その努力を認められ，活動への意欲がいっそう高まることもある。伝え合う活動では，伝える相手への意識や目的意識を明確にもてるようにしていくことが，より積極的に人とかかわろうとする意欲をもち，コミュニケーション力を高めていくことにつながっていく。

3　豊かな言語活動を育てる単元の目標と単元計画

単元「このまち大すき！」（2年）の目標

　自分たちが生活している地域に関心をもち，地域やそこで生活したり働いたりしている人々や場所に，親しみや愛着をもってかかわったり探検したりするとともに，自分たちの生活はそれらの人々とかかわりをもっていることがわかり，自分が見つけた「まちのすてき！」について工夫して表現し伝え合う方法や活動について考え，身近な人々と伝え合ったり地域の人々と進んで交流したりして，そのよさや楽しさに気づくことができる。

表　単元計画「このまち大すき！」（全15時間）

○子どもの学習活動・予想される反応	・教師のかかわりや留意点
1　大久保のまちのすてきなところは？（1時間） ○夏休みに探検をした児童の発表を聞いて，町探検でもっとしてみたいことについて話し合う。 ・△△生花は花がいっぱいあってきれい！ ・市民プラザがどういう所か親切に教えてくれたよ！	・まちのようすに関心をもち，夏休みに探検をした児童の発表をきっかけにして，まちのすてきなところ（場所）に向けて出し合えるようにしていく。 ・友達の発見に関心を寄せたり，知りたいことを質問して確かめたりすることができ

・弁当の◇◇は，朝早くからお店が開いていて便利！
・紹介された場所やすてきな人に会いに行ってみたい！
・そのお店の人のところに行って，インタビューしてみたい！

るようにしていく。
・保護者には，今回の学習では人に着目してまちのようすを調べていくことを事前に伝えておくとともに，探検活動のサポーターの協力依頼をしておくようにする。

---

2 「大久保のすてき！発見大作戦」をしよう！（3時間）
○「大久保のすてき！発見大作戦」の計画を立てる。
・「すてき！探検」をして，「大久保のすてき！」をたくさん発見したい！
・「大久保のすてき！発表会」を開いて，見つけた「すてき！」を家の人やまちの人に伝えたい！
○「すてき！探検」の計画を立てる。
・Ｓさんが薦めるお菓子▽▽に行って，お店のようすを見てみたい！
・△△生花を調べて，お店の人にインタビューしたい！
・弁当の◇◇でＹさんに会って，話を聞いてきたい！
○質問・インタビューの練習をする。
・ここでお店を開いているのはどうしてですか？
・どんな気持ちでお客さんとお話ししているんですか？
・このお店のおすすめや自慢は何ですか？

・探検の目的を明確にして，これらの活動に見通しがもてるようにする。
・行きたい場所ごとにグループをつくり，一人ひとりが十分活動できるように，探検計画を立てたり約束を決めたりするとともに，一人ひとりの役割を決めたり自分たちで質問を考えたりすることができるようにしていく。
・うまくインタビューすることができるように，インタビュー役と答える役の両方を経験して，どのようなインタビューの仕方がよいか考えられるようにしていく。
・相手や場に応じた行動について考え，適切な挨拶や言葉遣いに気をつけて話すことができるようにしていく。

---

3 大久保のまちの「すてき！探検」に行こう！（4時間）
○グループごとに分かれて「すてき！探検」を実施する。
・まずはじめに，元気に挨拶します！
・インタビューをがんばってきます！
・わかりやすく短くまとめて質問します！
・探検した場所やお店の仕事のようすや仕事で大変なこと，自慢やおすすめ，このまちのいいところなどを質問して，「大久保のすてき！」を聞いてきます。
○探検した場所やそのようす，インタビューしたことなどから発見した「すてき！」を絵や文で探検カードに表現する。
・お店の人が相手の目を見ながら笑顔で話していて，優しいなと思った。
・朝来るお客さんのために，早い時間から準備していて，すごいなと思った。

・探検する際には，探検サポーターの協力を得て，探検グループごとに安全の確保ができるようにしておく。
・マナーを守って安全に気をつけて，探検できるように見守るようにする。
・めあてに従って探検したり質問をしたりして調べることができるように支援していく。
・探検場所でインタビューする人と出会えるように，事前に連絡を取って，了解を得ておくようにする。
・探検カードには，出会った人との具体的な思い出の中によさを捉えて「すてき！」を書けるように支援していく。

---

4 「大久保のすてき！発表会」の準備をしよう！（3時間）

・探検グループの中で，これはという「すてき！」について相談したり，発表や質問

○探検で発見したことや気になったことを確かめて，大久保の「すてき！」をどのように発表して伝えるかについて考え，その作戦について話し合う。 ・◎◎屋さんが挨拶や笑顔を大切にしているわけは？ ・お店の掃除や飾り付けをしているのは？ ・書いたもので，うまく伝えられるかな？ ○家の人や探検でお世話になった人に，発表会の招待状を書く。 ○発表会の準備をする。 ・お店のようすを紹介するために使うものを作ったら？ ・お店のよさを「なりきりごっこ（劇）」で見てもらったら？	の内容を考えたりして準備できるようにする。 ・興味をもって聞いてもらうために発表の仕方の工夫を考えて発表の準備に取り組めるように支援していく。 ・これまで探検でお世話になった人たちに，気持ちを込めて招待状を書くことができるようにしていく。 ・多様な方法や手段の中から，相手や目的に応じた伝え方を考えて選び，工夫できるように支援していく。 ・伝えたかったことが伝わったか確認できるように感想を話してもらったり，一言感想を書いてもらったりできるよう準備しておく。 ・発表会後，協力を得たところを訪問し，発表会の資料やお礼の手紙などを届けて，その場でも「すてき！」についての交流ができるようにしていく。
5　「大久保のすてき！発表会」をしよう！（4時間） ○「大久保のすてき！発表会」で，自分たちの発見した「すてき！」がうまく伝わるか，各探検グループで確認し合う。 ○家の人や探検でお世話になったまちの人を招待して「大久保のすてき！発表会」を開き，「大久保のすてき！」や今までの学習の感想を伝えて交流する。 ○発表会を終えて，これまで活動やその中で感じたことや考えたことなどを振り返り，自分が学んだことについて振り返って作文などにまとめる。 ・みんなに「大久保のすてき！」を伝えられて，とてもうれしい！	・自分たちの伝えたいことが伝わる楽しさや，相手の考えがわかることの楽しさに気づくことができるように支援していく。

4　豊かな言語活動でコミュニケーション力を育てる展開とそのポイント

（1）一人ひとりの気付きを引き出し，表現し合える学習環境の整備

　本単元「このまち大すき！」は，春のパート1に続いて，「まちの人」に着目して再びまちたんけんを行っていく単元である。このまちたんけんでは，パート1の活動も含めて，言語活動の充実を図り，気付きの質を高めるための指導・支援を行ってきた。

　活動を通して感覚的，情緒的に生まれた気付きは，無自覚なまま発見カードに書かれていたり，活動しながらつぶやきに出されたりすることが多い。そこで，無自覚な気付きから自覚された気付きにしていくためには，発見カードやつぶやきに表現された言葉から，その子らしい気付きを教師が取りあげ，全体の場に広げたり価値付けたりしていくことが大切である。

　また，作成された発見カードを互いに見合う場を学習環境として整備し，友達がどんな気付きを書いたのか比べて見たり，気付きを見つけるコツをつかんだり，カードを分類して発見の対象や視野を広げたりすることが大切である。そして，発見カードを前に互いの気付きを交流し合う場を設けて，友達の気付きの目の付け所を学べるようにしていくことも大切である。

（2）自分たちの考えをもつ話し合いの場の設定

　探検発表で質問に十分答えられるように，他のグループから「おたずね」を受けたり，探検隊から「気になっていること」や「よくわからないこと」を全体の場に出してヒントをもらう場を設定したりすることも大切である。自分たちの予想や考えを全体の場に出し，他の仲間の考えとかかわらせる活動を行うことで，互いの考えを双方向で伝え合う交流ができるようになっていく。

　弁当の◇◇へ行ったK男は，「朝早く起きて，お店の準備をしていてすごい。ぼくは毎日あんなに早起きはできない。大久保は，朝早く出かける人のために働いている人がいて，とてもいい町だと思った」と話し合いを通して自分の考えを明確にし，感想を述べることができた。

　このような話し合いの場を通すことで，探検隊ごとの気付きがそれぞれに「まちのすてき！」につながっていることや，その総体が「大久保のまちのよさ」であることへの気付きにつなげていくことができるのである。

（3）「すてき！」を伝え，交流する発表会を通して

　「大久保のすてき！発見大作戦」では，探検隊ごとに発表コーナーを設け，家の人や探検で出会った人たちに，探検で発見した「大久保のすてき！」を「なりきりごっこ」などで発表し伝える発表会を行った。

学習のゴールとして，自分たちの探検隊が捉えた「すてき！」を家の人やお世話になった地域の人々に伝え，伝えた相手から意見や感想をもらって交流する場を設けることで，これまで準備してきたことが伝えられた喜びや成就感を味わうことができる。また，このような言語活動を行う場を通して家の人や地域の人々と交流して，互いの気持ちや心がつながるコミュニケーションのよさや楽しさを感じることができるのである。

5　言語活動を通してコミュニケーション力が育っている姿を見とる評価

　コミュニケーション力が育っている姿を見とり評価していくためには，一人ひとりの気付きが表現されたものが残るように，意図的・計画的に準備しておくことが大切である。各自が表現したものは発見カードなどに残されるが，話し合いや交流活動は話し言葉が中心であり，どのような交流がなされたのかを把握することがむずかしい。それらを見とるためにも，活動後に各自が書く振り返りや活動の記録などが大切になってくる。それらを丁寧に読み，伝え合い交流することのよさを感じたり，コミュニケーションに自信を高めたりしている姿を見とって，賞賛したり価値付けたりしてくことが大切になる。

6　実践へのメッセージ　——表現し交流する活動と関連させて

　身近な人々と伝え合い交流する活動では，互いのことを理解し合ったり心を通わせたりしてかかわることの楽しさが実感としてわかり，身の周りの多様な人々と進んで交流できるようにすることを目指している。交流する活動では，一方的に伝えるのではなく，双方向に伝え合うことが大切になる。
　交流活動は，言語によるコミュニケーションが中心となるが，表情やしぐさ，態度といった言葉によらない部分も大切であることも考慮し，自分の話を笑顔でうなずきながら聞いてくれる相手の態度に，伝わっているうれしさ

や喜びを感じたことなどの感情の交流を大切にし,「もっと伝えたい」という意欲につなげていきたい。

確認問題

1 生活科の学習として,言語活動の充実を目指して行う学習活動とそのねらいについてまとめよう。

2 生活科で行われる話し合いや交流活動について,コミュニケーション力の育成の観点から,国語科の学習と関連付けながら述べよう。

3 単元の展開の中で,話し合いや交流の場を設定する際には,どんな工夫や配慮をして行うことが大切だろうか。その手立てについて書こう。

より深く学習するための参考文献
・渡邉彰『生活科・総合的な学習の時間で子どもはこんなに変わる──「思考力・判断力・表現力」「問題に適応する力」が身に付く教育実践』教育出版,2011年

第 14 章

自己成長に気づかせる内容

　生活科における「自己成長」への気付きとは，どのようなものだろうか。また，この発達段階の児童の過去の振り返りや未来への意欲を喚起するためにはどのような活動が可能となるのだろうか。生活科における「振り返り」の重要性についても検討していく。

キーワード

　　自己の更新　振り返り　よりよく生きる力
　　現在・過去・そして未来へ

1　基礎的な自己認識や未来への意欲を育む単元

　本単元は，生活科第2学年の最終単元である。つまり，入学から24ヶ月で育った力を活用する集大成であり，自分ができるようになったことをもっとも長いスパンで振り返る活動が核となる。自分自身への気付きの質を高め，自信と意欲をもって自己の更新ができるようにしていきたい。

　「小学校学習指導要領」の内容(9)「自分自身の成長を振り返る活動を通して，自分のことや支えてくれた人々について考えることができ，自分が大きくなったこと，自分でできるようになったこと，役割が増えたことなどが分かるとともに，これまでの生活や成長を支えてくれた人々に感謝の気持ちをもち，これからの成長への願いをもって，意欲的に生活しようとする」に基づいて設定する。

　児童はこれまでに，第1学年生活科の最終単元「もうすぐ2年生」におい
て，入学してからの自分の生活を振り返る活動をしたり，新1年生を迎える
会を開いたりしてきている。また，第2学年始まりの単元「2年生だ，うれ
しいな」では，新しい1年生を迎え，校内を案内したり，「生きものなかよし
大作せん」では，飼育の仕方を教えたりしている。それらの活動を通して，自
分自身の成長に気づき，2年生になった喜びや自覚をもって生活ができるよ
うになってきている。

　そこで，本単元では，まず，2年生になってからできるようになったこと
を振り返ることからスタートする。

　以下は，2年生の活動を学級全体で話し合い活動を通して振り返りながら，
図示した例である。

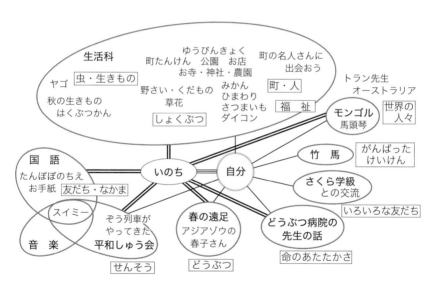

図　「自分の成長」に関係する要素

出所）　筆者作成（日本生活科・総合的学習教育学会自由研究
　　　　発表：大阪府公立小学校担任実践）（2006年）

2 自分のよさや可能性への気付きを重視した単元の目標

本単元においては，「生まれてから今までを振り返り，自分の成長を支えてくれた人々の存在に気づき感謝の気持ちをもつとともに，これからの自分の成長への願いをもって意欲的に生活できるようにする」ことを目指している。内容項目 (9) に関連して，「自分の成長に関心をもち，振り返ることを通して，自分が成長してきたことや成長の背景には多くの人々の支えがあったことに気づくとともに成長を支えてくれた人に感謝し，意欲的に未来に向かって生活しようとすることができる」を設定した。

そして，これからの成長への願いや多くの人の支えで大きくなったこと，自分でできるようになったことに気づいていくことで，3年生以降の「未来」に向かうものである。教師にとっても，さらに「子ども理解」が深まる単元である。

本単元は，自分が生まれてから今までのことを振り返り，自分でできるようになったことや役割が増えたことなどを見つける活動を通して，自分自身の成長に気づくこと，これまでの生活や成長を支えてくれた人々への感謝の気持ちをもつこと，「自分にもできるんだ」「もっとやりたいな」という自信や意欲をもって生活できるようにすることを目指している。

そこで，自分自身のことで知っていることを話し合うと，「私は，〇才で歩き始めたんだって」「ぼく，かけっこは幼稚園の時から得意だよ」と，言えることもあれば，「2年生になってからは，欠席が一日もないよ。だけど，小さいときは入院をしたとか，体が弱かったとかおばあちゃんが言っていたことがあるけど」など，自分のことでもよく知らないこともあることに気づいていく。子どもにとっては，知らない自分の「自分たんけん」でもある。

「現在」の自分である2年生の振り返りと1年生の最後の単元で実践した「入学してからの1年間の振り返り」をつなげることを契機として，もっと「過去」であり未知でもある「生まれた頃の自分調べ」や聞き取りで探る「自分たんけん」が始まる。保育所や幼稚園の頃の振り返りや聞き取りなどから始めるほうが容易な児童もいるだろう。はじめは調べていく順序を固定した

り，表現方法を規定したりすることなく，子どもが関心のある調査方法や聞き取りやすい相手から始めていくことを支援したい。

3　自分のよさや可能性への気付きを促す単元計画

表1　単元計画「あしたへジャンプ——自分たんけん」(全26時間)

時	小単元名	ねらい	学習活動
第1次(3時間)	1　できるようになったことを教え合おう	○現在の自分が学習面，生活面でできるようになったことを発表したり，友達のよさを認め合ったりすることができる。	①2年生になってからできるようになったことや自信がついたことを見つけたり，教え合ったりする。
第2次(3時間)	2　たからもの発表会をしよう	○生まれてから自分が成長したことに関心をもって調べることができる。	①小さい頃のことを思い出し周りの人に聞いて調べる。 ②たからものを発表する。
第2次(4時間)	3　成長のきろくをのこそう	○自分の成長に関心をもち，進んで表す。 ○調べたことや集めた資料を活用して，自分の成長のようすを表すことができる。 ○自分なりの表し方で，自分の成長のようすを表すことができる。 ○調べ足りないところがあれば，もう一度詳しく調べることができる。	①大きくなった自分のことをどのような方法でまとめるかを考える。 ②自分が決めた方法でまとめる。 ③思い出のものや家の人の話などを手がかりとしながら，自分の成長を捉える。
第3次(4時間)	4　成長ものがたり発表会をしよう	○大きくなったこと，自分でできるようになったことや役割が増えたことなどがわかり，これまでの生活や成長を支えてくれた人々がいることに気づくことができる。 ○自分の成長を表すのに最適な出来事を選び，表現方法を考え，工夫しながら作品にまとめることができる。	①表現方法が同じグループごとに，どんな発表の仕方があるか，意見交換する。 ②発表の練習をする。 「発表会」の予行をし，同じグループの発表を聞いたり，質問したりする。
第3次(6時間)	5　ありがとうをとどけよう	○これまでお世話になった人がいることに気づき，その人たちへの感謝の気持ちをもつとともに，その気持ちを伝えるために，相手や内容に応じた方法を考え，表現することができる。	①感謝の気持ちを伝える相手，表現の方法を考える。 ②表現の方法を工夫し，準備をする。 ③作品を使って，相手に感謝の気持ちを伝える。

| 第4次（6時間） | 6　すてきな3年生になろう | ○3年生になったらどんなことをするのか，何をがんばりたいのかなどについて考えたり，3年生の教室に行ってインタビューしたり，調べたりすることを通して，進級やこれからの生活への意欲や期待感，自分なりの目標をもつことができる。 | ①3年生になったらしてみたいこと，できるようになりたいこと，がんばりたいことなどを考える。②3年生はどんなことをしているのか，上級生に聞いたり，教室を見せてもらったりする。③がんばりたい具体的な目標を，友達と話し合う。 |

4　活動内容の展開と内容面の解釈のポイント

「現在から過去の振り返り，そして未来へ」の役割と効果

　いきなり，生まれた頃の自分の振り返りをするのではない。第1学年の最終単元で入学からの1年間でできるようになった自分を振り返ったように，まず2年生になってできるようになった現在から1年前を振り返る活動から始まる。

　以下の評価表（表2）は，その発表内容と本単元の入り口の児童の意欲を把握するための補助簿の例である。

写真1　教室に展示されたたからもの

　生まれてからの自分も知らなかった「自分たんけん」をさらに続けていくうちに，個々の調べ方の格差や家庭状況によって，活動に停滞や行き詰まりが見られるようになる。そこで，赤ちゃんの頃好きだったおもちゃや絵本を見せながら，さまざまなエピソードを発表する「たからもの発表会」を設定する。

　ここでは，友達の成長の歴史を感じさせる品物を見せ合いながら，どの子どもも目を輝かせて発表に聞き入った。提示される品物は，本単元のねらいを家庭に事前に伝え，理解や協力の下に持ち込まれる貴重なものである。一定期間の教室展示を終えて，家庭に持ち帰るところまで，丁寧に扱う配慮を要する。

表2　成長きろくの評価補助簿例

児童番号	氏名	発表内容	理由	意欲	自己評価	コメント	友の発表への関心	備考
14	SK	コマ	1年の時はできなかったから	AA	A	手に乗りかけた	A	司会
15	SN	なわとび	百回跳びが苦手だった	A			A	
16	SK	そろばん	上手だから				B	
17	TA	なわとび	綾跳びが安心してできる				A	
18	TM	なわとび	二重跳び記録を伸ばしたい				A	司会
19	TC	九九	苦手だったのに今は得意	A			A	
20	KT	紙飛行機	飛行機博士だから	A			A	
21	SS	紙飛行機	今一番楽しいから	A			A	
22	TO	九九	九九を劇にしたいから	AA			B	
23	AI	九九	名人になれたから	A			A	
24	MO	そろばん	算数が苦手だったから	A	A	練習の成果	A	
25	KY	一輪車	空中のり見せたい	A	A		B	

（図内の吹き出し・コメント）

苦手だったことをがんばって　ここまでできるようになったんだよ

うまくできるかな

→　不安

友達にもうまくいってほしい

興味・はげまし・賞賛

5　表現活動から自分の成長への気付きと支えてくれた人とのかかわり方を見とる評価活動

　評価規準として，①関心・意欲・態度の項目では「自分の生まれたときや幼い頃のようすに興味をもち，進んで周りの人から話を聞いたり，思い出の品物を用意したりしてこれまでの成長を振り返り，さらにこれからの成長への願いをもって意欲的に生活したりしようとしている」とする。②思考・表現の項目では「自分の成長の記録を工夫して作ったり，わかったことや成長を支えてくれた人々への感謝の気持ちなどを表現したりすることができる」とした。③気付きの項目では「大きくなったこと，自分でできるようになったことや役割が増えたことなどがわかり，これまでの生活や成長を支えてくれた人々がいることに気づいている」とした。これらの規準に基づいて活動全体を評価する。

　具体的な評価に際しては，表3のような補助簿も有効である。具体的に目

表3 「わたしの成長ものがたり」聞き取り

児童番号	氏名	誕生の頃	乳児期	2・3才	幼保時代	小1	合計枚	評価	備考
1	AR			1	2	1	4		トーマス大好き。事故の場面は怖がる。
2	IS		2		2	1	5		大事に育ててもらった。
3	IM	1	2	1	1		5	AA	体重重く立つのは遅かった。男みたい。
12	KM		1	1	1		3		好きなおもちゃの変遷
13	KR	1		1	2	1	5	AA	4才でバイク。もっと大きくなりたい。
14	SK	3	3				6	A	ハイハイ，離乳食
15	SN	1	2		2	1	6	A	幼稚園の作品
16	SK	1	1				2		1枚にまとめて
17	TA	2	2	1	3		8	AA	喘息，天気が悪いと体調を崩す
18	TM	3	2		1	1	7	AA	項目別にしっかり記録
19	TC	1	1	1	1	2	6	AA	父母の大変さ，私もいずれ。
27	MH		1	1			2	△	記録は少ない。聞き取りは多。
31	MK	1	1		1		3		身長体重。やんちゃぶり，自転車
32	MK	2	2	2			6	AA	名前・遊び・離乳食・服・大きさ・トイレ
33	YR	1					1		
34	YK	1	2		1		4	A	名前・ねがえり・体重・好き嫌い
合計		37	49	14	27	9	136		

指す姿は，「これまでの生活や成長のようすを知るための手がかりを探し，調べ，発表しようとしているか」「友達の発表に感想を言ったり，質問をしたりしている」について，行動観察や発言によって評価する。また，「小さい頃の自分を知るための方法を考え，調べることができる」「小さい頃の自分を調べることを通して自分の成長に気づいている」「できるようになったこと，役割が増えたことなどを実感している」については，ワークや発言で評価する。

学習指導要領の2008年の改訂において，生活科の学年目標は，3つの目標から，自分自身に関する目標を加え，以下の①〜④の4つに増えた。

①主に自分と人や社会とのかかわりに関するもの

②主に自分と自然とのかかわりに関するもの

③自分自身に関するもの

④生活科特有の学び方に関するもの

　また，一人ひとりの児童にどのような認識が育つことを期待しているかを明確にするため，①では「地域のよさに気付き」，②では，「自然のすばらしさに気付き」，③では，「自分のよさや可能性に気付き」という文言が加わっている。本単元は，改訂で新たに加わった「自分自身に関するもの」である。「自分のよさがわかり，3年生になってからも成長できるや可能性への気付き」を丁寧に評価していきたい。

6　実践へのメッセージ

(1) 変化する家庭環境への配慮

　児童を取り巻く環境の変化を考慮するということは，生活の基盤となっている家庭環境の変化も考慮することが第一義となる。子どもの生活背景および家庭環境は，当然のことながら個々多様である。この単元で学ぶことの価値や意義，目的を家庭で理解されずに達成することは困難である。なぜなら，子どもがこれまで生きてきた歴史・生活そのものに直接触れることは避けて通れないからである。

　これまでの実践の中にも，家庭の理解を得難いことへの批判が散見する。たとえば，「成長アルバムづくり」として，どの子どもにも一律に，年齢ごとのページに成長の振り返りや思い出を綴らせたり，写真を貼らせたりするような活動がその要因となっている。触れられたくない時期の出来事や残っていない写真さえも探させるようなことは，決してあってはならない。

(2) 振り返り活動の工夫および思考と表現の一体化

　低学年の発達に見られる思考と表現の一体化については，生活科の課題の一つでもある。中央教育審議会答申（2005年1月）の中で，指摘された「表現の出来映えのみを目指す学習活動が行われる傾向があり，（中略）思考と表現の一体化という低学年の特質を生かした指導が行われていないこと」は，生活科における表現の価値と関連する。

生活科における表現は，単に表現技能を磨くことではない。子どもが自己表出することと，表現によって思考を深めることの両面がある。つまり，「考える」ことが重要なのである。たとえば，言語活動の一つである「書く」という表現は，書くことにより思考を深めたり，次の活動への意欲が生まれたりするような，次の活動につながるための書く活動である。気づいたことや

写真2　入学後初めて書いた文字と
1年生最後の文字

感動したことなどを多様な表現方法を駆使して考えたことを伝え合う力や学びの力にすることである。

　また，生活科のねらいは，活動や体験を通して自らの思いや願いを深め，新たな認識を育てることである。そのためには，児童が自らの活動を振り返り，捉え直すことが必要になってくる。

　しかし，低学年の児童にとって頭の中だけで振り返ることは困難なため，具体物が必要である。写真2は，個々の子どもの生活科ノート（A3版サイズ）に添付したワークである。

　まず，入学時に初めて書いた名前を添付して横のスペースは空けておく。

　「もうすぐ2年生」の単元で1年生の最後に，その空欄に自分の名前を書く。このように自分で比較することで，筆圧をかけたり，「ハネ」や「はらい」もできる丁寧な文字が書けるようになったことに気づいたり，実感したりすることができる。

　また入学直後に，入学記念写真の横に今知っている友達の名前を書いておく。1学期に終わりには，「こんなにともだちできたよ」の振り返りワークに，この時点で，よく遊ぶようになった友達の名前を書いたり，遊んでいる絵を描いたりする。このことで，入学後3ヶ月間程度の1学期の振り返りが可能になるだけでなく，学期末評価の一つや保護者懇談会での具体資料などにも活用できるのである。

　表現活動は，活動や体験を通して得た驚きや感動，発見や気付きを再現し

たり，活動や体験のなかで気づかなかったことを再認識したり，次の活動へ
つなげたりするなどの役割を果たす。そこでの教師の役割は，児童の積極的
な表現活動を引き起こし，促進するための計画性も求められるのである。

（3）多様な表現活動の選択と価値について

　生活科での表現活動は，自己の思いを表出できるようにすることがねらい
であり，そこで，各教科や領域と関連付け，総合的に指導していくことでそ
の効果を高めることができる。そのためには，表現意欲の喚起につながる体
験活動や発表の場の設定，学習カードの工夫が必要となる。

　児童はこれまでの学習で，多様な表現方法を経験している。絵本・巻物・
新聞・かるたなどがある。しかし，教師が予想だにしない方法の創意も見ら
れることがある。たとえば，実際に子ども自身が使っていた玩具・文具・ミ
ニ絵本などを厚紙に直接貼り付けた巻物「ぼくのおもちゃ年表」を作成した
児童がいた。祖父母から生まれて初めて贈られた玩具，塗料のはげたミニカ
ー，使い込んだクレパス・・・が年齢順に添付された。そこには，家族の書
き込みや写真とともに自分自身の振り返りが加筆されていく。2年生の最後
の欄には，「もうこの頃は，ここに貼るおもちゃはありません。今は，ドッジ
ボールが得意です。3年生になったら，サッカーがしたいな」と書き加えら
れた作品もある。

　以上，述べてきたような表現活動の工夫は，自分自身のよさや可能性など
について，一人ひとりの子どもが自分理解や友達理解をさらに深めることに
つながるだろう。そのような力は，第3学年以降の社会科や理科はもとより
全教科の素地となる。とりわけ本単元は，生活科最終単元としての位置付け
のみならず，その後の第4学年「2分の1成人式」，第6学年「自分史づくり」
などの自分自身のよさや可能性という自己肯定感および自尊感情につながる
活動である。また，その際の振り返りのデータや具体的なポートフォリオと
なる単元であることを意識して指導したいものである。この単元を通して，
子どもと保護者と教師がともに育ち合う喜びを実感せずにはいられないので
ある。

1　成長への気付きの単元において，とくに配慮すべきことについて，要約しよう。

2　本章に記述されている実践事例を参考に「成長発表会」について，500字の解説文を書こう。

より深く学習するための参考文献

・寺本潔・山内かおり『授業するのが楽しくなる生活科・総合・特活の技とアイディア44』黎明書房，2008年

第15章

家族単元で扱う教材

　この章では，学校や地域と並んで，子どもの生活の場である家庭や家族
とのかかわりに焦点を当てた単元の扱い方を解説する。子ども自身，家庭
や家族は半ば日常の世界であり，ことさら意識しないで生活していること
が多いため，いかに家庭や家族の存在が大切なものであるかに気づかせる
ための手立てが重要になってくる。そうした意識や態度の形成につなげる
教師の視座について検討してみたい。

キーワード

家族　家庭　保護者　思い

1　家族単元の特色

　教材観として特筆すべき点は，子どもにとって家庭や家族は自分を支えて
くれる生活の場であり，健康を維持するためになくてはならない意味をもつ
ということである。しかし，この年齢の子どもは家庭に全面的に依存してお
り，家庭や家族のよさを改めて感じることが少ない。さらに，自分が家庭で
できる仕事があることにさえ，気づいていない場合が多い。家庭環境はそれ
ぞれ異なっているものの，共通して言えることは家族が皆で支え合って生き
ていること，自分もその中の大切な一人であることに気づくことである。そ
のため，家族と一緒にやっていることを取りあげたり，自分のためにしても
らっていることを振り返り，家族のことや自分でできることについて考え，家

族のために役立った体験から喜びと自信を感じるようにさせたい。

　具体的には，教材内容の特色から保護者と全面的に協力して臨まなくては単元は成功しない。たとえば，夏休みの課題で家庭でお手伝いをするという課題を意図的に出すことで子どもたちはお家の人から「ありがとう」という感謝の言葉をかけてもらうことができる。その活動を通して家族から褒められたりすることでうれしくなり，次もがんばろうとする意欲が生じるようになる。家族のために自分で何かできることはないか，継続して家庭の仕事の一部を担おうとする態度の育成が芽生えたりする。このことは自己の成長につながる大事な経験となる。

　一方で家庭内のお手伝いや仕事にだけ焦点を当てた指導に限定されがちな傾向に注意を要する面もあろう。家庭にあって規則正しく健康に気をつけて生活することができるようにすることも大事だからである。つまり，健康を意識した生活科内容もこの単元で扱えるわけである。自分が元気でいられるために保護者が何をしてくれているか，お家の人の気持ちを尋ねるとか，元気で過ごすための計画を家族と相談して立てる，「健康でいることのよさ」を願いとして保護者からお手紙をもらうなどの学習活動が考えられよう。

　いずれにせよ，家族単元は家庭内のプライバシーに触れる内容があったり，離婚やＤＶなどの社会的な問題もあるため個人情報保護の観点から深入りは避けなくてはならないむずかしい一面がある。そのため，教師はその指導に消極的になりがちであるが，むしろ生活科の指導機会を通して保護者に家族や家庭のあり方を再考してもらうきっかけとなる可能性も高い。事実，多くの実践から，保護者にとって子どもの成長を教師とともに喜び合える貴重な機会となっている。その意味で家族単元は生活科らしい単元とも言えるのである。

2　家族への気付きを促す単元の目標と内容

　家族への気付きをダイレクトに促す単元の入り方より，生活科の基軸に据えられている四季を窓口にした大単元の中で位置付けたほうが，内容的にも無理がなく効果が上がる。１年間を振り返り，子ども自身が家族の中で成長

していることに気づかせたいと目標を設定しても学習活動の具体的なイメージがわきにくいからである。そこへいくと「ふゆとくらし」の大単元の中に位置付ければ冬探しの活動から入り，年末に近づきながらお正月が自然な雰囲気の中でイメージできる。現代の日本社会ではなかなか季節感を感じることが少なくなりつつあるものの，お正月は子どもにとっても大人にとっても冬の代名詞とも言える行事である。「かぞくでいっしょにおしょうがつ」という小単元を立案し，新年を迎える準備を家族で行うという設定は自然な形で取り入れることができる。

　新年を迎えるために各家庭では大掃除や飾り付けなど，いつもとは異なった取り組みが行われる。その中でなら子どもも自分にできることを意識しやすい。実際の活動は学級内でなく，家庭内で行われるため，生活科の内容としても独特である。あらかじめ学級通信などで保護者と連絡を取り協力が得られるように準備を進める必要がある。家族にとっても生活科の学習活動を通して家族で一緒にお正月の準備ができるため，おおかたの賛同が得られるはずである。地域によっては「どんどや」や「万歳」など特色ある年末年始の年中行事がある場合もある。それらも取り込みつつ，家庭内の年末年始の雰囲気づくりに寄与したい。店頭で見られるクリスマス用品や宣伝のようす，歳末大売り出し，年越しそば，正月飾り，初詣，書き初め，七草がゆ，着物姿の人たちなどふだんとは違った街角の雰囲気も生活科の題材にしたい。「あたらしいとしをむかえよう」と「むかしあそびを楽しもう」という2つの小単元が計画できる。お正月は日本古来の遊びであるコマ回しやお手玉，おはじき，すごろく，竹馬，凧揚げなどがイメージできるため，昔遊びの名人であるお年寄りとのかかわりが無理なく実現できるシーズンである。子どもたちの祖父母を仲介にして地域に協力者を募ってもよいし，老人クラブに依頼するのも一案である。これらの遊びは，残念ながら若い教師にとっても未経験な部分が多いためお年寄りの協力が不可欠である。昔遊びを体験すれば，その後の冬の遊びも展開しやすくなり，2月の厳しい寒さも前向きに生活できる。「かぜとあそぼう」や「つめたいね・たのしいね」というように寒さを否定的に捉えるのでなく，寒い冬ならではの生活を積極的に楽しんでいこうとする態度の育成につなげることができる。

沖縄県では「ムーチー」と呼ばれる餅を食する習慣が，家庭に残っている。幼い子どもの健康を祈ってムーチーは作られる。3年社会科に「むかしの暮らし」を扱う単元があり，料理を支える道具の意味を扱ったり，暮らしの向上を目指して道具を工夫する学びが用意されているが，生活科において地域の伝統的な事象を取り入れる場合は，あくまで子どもの成長と親の思いにつながる側面を強調したい。

3 単元計画の例

1年生ならば，たとえば30時間程度の「ふゆとなかよし」と呼べる大単元が計画できる。冬見つけの小単元（7時間程度）から開始し，家族で一緒にお正月の準備をする小単元（6時間程度）を経て，お年寄りに昔遊びを教わったり冬の遊びを楽しむ小単元（8時間程度），2年生になるために1年間を振り返り進級の準備をする小単元（9時間）が考えられる。その中で家族単元と呼ばれる内容は，2番目に位置している。家族単元だけを抜き出した展開例を以下に示そう。

表1　単元計画「家族といっしょに冬休み」

おもな学習活動	評価と支援
発問例「もうすぐ新しい年が始まりますね。どんなことを家では準備するでしょう。その中で自分にできることはありますか？」 ①年末年始，家族の一員としてしたいこと・できることを考え，発表し合う。 ・大掃除の手伝いをするよ。 ・家で年越しそばを食べる。 ・おじいちゃんの家に行ってみんなで遊びたいな。 ②家族と相談した年末年始にすることを発表し，冬休みの過ごし方に見通しをもつ。 ・家の大掃除を自分も手伝ってがんばりたい。自分の部屋の掃除から始めるよ。 ・家族に聞いて今年の家族ニュースと来年の目標をまとめるよ。 ③冬休みに家族でしたことを振り返って発表し合う。	・教科書の挿絵や写真をヒントに新しい年を迎える時期に家族でしたいことやできることを考えさせる。 ・発表の中でいろいろなアイデアを共有化し，自分でできることを明確化させる。 ・自分で取り組んだ満足感と自信，家族と一緒に楽しんだこと，家族のために役立つことができたうれしさを言語化して共有化できるように促す。 ・家族の中での自分の役割を考えて年末の手伝いを前向きにするように促す。 ・家族で一緒に年末年始を過ごすことの楽しさに気づかせる。

・片付けができた。 ・お手伝いをして褒められた。 ・おじいちゃんと凧揚げをした。 ・初詣に行った。	・保護者にも協力してもらうように事前に連絡し，子ども自身が仕事としてお正月の準備を担えるようにしておく。

　ここで気をつけたいことは，近年の核家族化の進展による家族のお正月に対する捉え方の違いである。昔からの伝統的な過ごし方を守っている家庭もあれば，お正月期間中に海外旅行に出かける家族もいる。それぞれの家族独自の過ごし方を大切に「自分の家とは違う」「お友達の家の過ごし方のほうがいい」というような考えに至らないように配慮したい。家庭や家族はそれぞれ形が違っていいこと，お正月の過ごし方にもいろいろな形があることを許容したい。しかし，共通して言えることは，子どもに何らかの役割を自覚させること，家族や家庭の温かみがあって初めて自分が成長できること，家族に感謝されることで仕事として何らかのお手伝いを継続できることが大切であることを挙げておきたい。

　類似の展開になるが，夏休み前に家庭の仕事調べとお手伝い作戦を課題として出しておき，2学期に入って家族単元を展開する例もある。その場合のおおよその単元計画を表にしてみた。

表2　単元計画「楽しい夏休み」

時	おもな学習活動	子どもの思い
1	夏休みの課題を振り返り，家の仕事について発表する。 ・掃除と洗濯ものたたみ ・くつ洗い ・買い物の手伝い	・今も続けているよ。 ・今はできていないから，誰がやっているのだろう。 ・家に帰って調べてみよう。
2〜4	調べてきたことを発表する。 ・お母さんに質問したよ。 ・写真にも撮ったよ。 ・自分でも少しやってみたよ。	・お父さんが皿洗いをしていた。 ・お母さんが洗濯ものをたたんでいた。アイロンはどんなことに気をつけてやっているのかな。 ・仕事の仕方を調べてみよう。 ・これを毎日やるのは大変だな。
5	家の仕事を手伝おう。（その後，各家庭でお手伝いを実践する）	・家の仕事を手伝いたいな。

| 6 | 挑戦した仕事について思ったことを発表する。 | ・この仕事は上手にできたよ。
・お母さんはこんな大変なことを家族のために毎日やっているんだね。 |
| 7 | お家の人からのメッセージを読み合おう。 | ・喜んでくれてうれしいな。
・お手伝いを続けたいな。 |

　夏休みは，家庭でじっくりと仕事を観察できるため，お家の人の仕事を調べる時間的なゆとりが確保できるメリットがある。具体的には，料理に関しては，「野菜を最初に切っておいてから，あとで料理するときにまとめて使う」「一度に何品も作っている」「洗い物も同時に行い，料理が出来上がっても流し台がきれい」などの工夫が見つかってくる。皿洗いに関しても「まず，水で汚れを落としてから洗剤をつけている」「大きい皿やフライパンから洗っていた」などの細かい点まで見出せるかもしれない。洗濯に関しても「汚れがひどいものから先に洗っている」「大事な服はネットに入れる」「服を干すときにパンパンと広げていた」「たたみ方のコツを教えてくれた」などと多くの発見があるだろう。ほかに，ごみ出しやトイレやふろ掃除，庭の手入れなど家事全般にわたって子どもたちに気づいてほしい仕事の工夫は多い。それら一つひとつがある意味で教材内容である。

4　家族単元の展開と内容面のポイント

　年末年始の行事の写真やイラスト，大掃除をイメージさせる雑巾とバケツなどの教具，冬休みや夏休みの計画表，リースや年賀状，書き初めの半紙などは準備したほうがいい。家での仕事をイメージしやすいからである。教科書にも親子や三世代でお正月を過ごしている写真やイラストが掲載されており，それらを手がかりに想起させてもよいが，実物のほうがより臨場感が出せる。

　家庭を教材化するため，教師自身の家庭や家族を導入のための題材にしてもよい。教師自身の祖父母や配偶者，子どもと写っている写真や家族で楽しんでいるようす，お手伝いの中身などを紹介させるうえで教師の持っている情報を活用すれば教材としても親近感がわく。

　しかし，最大の魅力ある教材は子どもの保護者からの手紙である。お手伝いや家族の仕事について子どもが調べているようすに対する保護者の感想や，お手伝いを進んでやっている我が子のがんばりに対する感謝の手紙が，教材としての魅力に富んでいる。したがって，保護者との連絡を密にし，本単元に協力してもらえるような下準備が欠かせない。内容面のポイントとしても子どもが家事に対して調べようとすることを温かく見守ることや家事の工夫について子どもに優しく話していただけるように事前に促す手立てが必要である。

　前述したように，複雑な家庭環境にある子どもの場合も注意を要するが，あくまで子ども自身の自立の基礎づくりのために本単元があることを保護者に説明しておくことが大事なポイントである。

5　家族単元の評価

　「家族の一員として自分ができることを考え，実行できる」「1 年間を振り返りできるようになったことを表現している」という思考・表現や「できるようになったことが増えた自分の成長に気づいている」という気付きにつながる評価規準が本単元で設定できる。

　また，家庭の仕事で調べてきたことを発表させたり，家族の一員としてお手伝いに挑戦したことを学級で発表させたりする場面を通して，「聞く姿勢」や「伝える話し方」も育成・評価したい。話し合いの基本は「聞く」ことである。1 年生に対して 1 学期は教師の話をきちんと聞くことを重点指導し，2 学期は友達も含めて話す人を見ながら聞くことを指導すべきである。目を見て聞く，うなずきながら聞く，相手が話しているときは遮らないなどの基本的な対話のルールを本単元でも力を入れて指導できる。家族単元は保護者という半ば緊張感がない相手と子どもの対話がメインになりがちである。そのため，ともすれば独りよがりの発表内容になることもある。できる限り，学級の仲間にとっても聞いていてわかりやすい発表の仕方（手ぶり身ぶりも交える，家族のエピソードやお手伝いを継続してやった時系列表，お手伝いの工夫点の箇条書きなど）を工夫するよう指導する必要がある。

6 確かな学力につながる実践へのメッセージ

(1) 家族の存在に気づく

　家族や家庭があることがあたり前の世界に子どもは生活している。しかし，中には，いろいろな問題に苦しんでいる家庭もあるだろう。また，テレビのニュースで報じられる難民や戦争で苦しんでいる国々の子どもたちの映像を見るにつけ，家庭の有り難さに改めて気づかせる機会も増えている。家庭や家族は学習対象としては見えそうで見えにくい対象である。子どもとして親に愛情を注いでもらっている事実はあたり前の事柄として映っており，客観的にはつかめないことも多い。子ども自身が，親の立場に立って考えることもできない年齢であるため，教師が指導に力を入れてもなかなか子どもにわかってもらえないもどかしさもあるだろう。

　日常の姿に気づかせるには，非日常の状態に置かせることが効果的である。低学年ではあまり体験しないだろうが，親と離れてキャンプに行ったり親戚の家に泊まりに行ったりした経験を思い出させて，家とは異なった不自由さを発見させるのも手立てとして有効であろう。マンション暮らしなど都市生活では，子どもの手伝いが必要な家事が少ない場合も見られる。便利で快適な暮らしが実現できているからである。しかし，その中でも子どもができるちょっとしたお手伝いを見出す努力も必要である。食事の際の配膳の手伝い，新聞取り，車の洗車手伝い，ごみの分別などである。少子化核家族化で弟や妹がいない家庭も多いことだろう。自分よりも幼い子どもを世話する機会がほとんどない子どもも多い。できる限り親戚の幼い子どもや子ども会での触れ合いを大事にしたい。生活科は，社会の一員として「生活化」「社会化」していくプロセスでもある。人とのかかわりを大事に本単元を計画してほしい。

(2) デリケートな家族の問題

　もっとも教師にとっても困難な問題は，子どもの家庭や家族の問題に立ち入ることである。家事をまったくしない母親あるいは父親の問題，離婚家庭，ＤＶに怯えている子ども，宗教や生活様式の異なる外国人家族などが学級に

いた場合，本単元は家庭の協力が得にくい場合も生じるだろう。保護者から，子どもに対する愛情のこもった手紙を提出してもらったり，お手伝い項目を子どもが調べたり，お手伝いに挑戦させたりすることを拒む家庭もあるかもしれない。そうした場合には，教師が代わりに手紙を準備したり，仮想のお手伝い項目を教師が子どもと一緒に考えてあげるなどの工夫も必要になってくる。それらの事態を未然に防ぐうえでも，本単元は単元の入り口になって保護者に依頼するだけでなく，年度当初の保護者会の場面で単元の説明やねらいを事前に示し，協力を打診しておくくらいの準備がほしい。時間のゆとりがあれば，諸問題はたいてい解決するものだからである。

（3）新たなお手伝いへのチャレンジ

　夏休みやお正月の準備をお手伝いさせるだけでなく，新たな手伝いを見出し，さらなる成長を期待する積極的な単元立案も可能である。新たに家庭でやってみたい仕事を見つけて，「仕事の練習を学校でやってみる」→「家に帰って実際にやってみる」→「もっと喜んでもらえるやり方はないか」→「できるようになったことを発表する」→「家族にも伝えて褒めてもらう」などの流れで充実化できる単元である。「家族のよろこぶ顔が見られた」「自分も家族のためにできることがあるんだ」という実感あふれる学びが実現できる。これらの体験知は，成長・発達著しいこの時期の子どもにとってきわめて重要な意味をもつだろう。

（4）家族の一日調べ

　家庭の生活にはリズムがある。お母さんは何時に起きて家族のために朝ご飯の支度や洗濯をやってくれているか，お父さんは通勤でどれくらいかけて遠くに仕事に行っているのか，自分が学校から帰るまでにどんな仕事を家族はやってくれているのか，夕飯の支度や買い物，就寝に至るまでの家事，夜遅くに明日のためにやってくれていることなどを取材させ，自分の一日と対比させることも大事な手立てとなる。家庭生活は家族一人ひとりが互いに支え合っていること，一方的に依存するだけでいいのかと子ども自身が見直すきっかけとなる。自分でもできる家事が見つかったら，1週間チャレンジウ

ィークと名付けて期間限定で挑戦させてもいい。1週間という子どもでも挑戦しやすい期間が重要である。「1週間お手伝いしてくれてありがとう！　とても助かりましたよ」という言葉を家族から引き出すことができれば大成功である。「これからも続けてみたいな」と自発的にお手伝いを継続できることこそ本単元の最大のねらいである。

　また，早寝早起きにチャレンジさせることも健康を家族が支えてくれていることに気づくきっかけとなる。低学年児童にかかわらず，子どもは早起きが苦手である。いつもお母さんに起こされないと起きられない子どもが大半ではないだろうか。「自分で早起きできるか挑戦してみよう！」という誰でもできる習慣は，お手伝いに関係してくるだろう。早起きするためには早寝しなくてはならず，自分で早起きできるようになった場合，お母さんの仕事が一つ減るメリットもある。「早起き」は一見，お手伝いに関係しないようにも思えるが，この時期の子どもの生活習慣を整えるうえでも大切な行動目標としての意味がある。

確認問題

1　本章で解説されている家族単元の内容の特色についてとくに他の単元と異なる点は何か，列記しよう。
2　子どもの成長にとって本単元で培われる学力とは何か，300字程度でまとめよう。

より深く学習するための参考文献
・大阪教育大学附属池田小学校『いのちの教育』東洋館出版社，2009年

第16章

3年以上の理科・社会科と
生活科の内容比較

　生活科は第1・2学年だけで終わる教科である。そのため,「自然とのかかわり」「社会とのかかわり」「自分自身とのかかわり」の学習内容が3年以上にどうつながるのか,明確にしておく必要がある。この章では,生活科との学力面における質的な違いに着目し,同じ教科である理科・社会科に内容面でどのように連続していくのかを解説する。

キーワード

　　　　　　自己中心的　気付き　言葉と表現

1　知的な好奇心と理科・社会科の始まり

(1) 自己中心的な見方からの脱却

　低学年児童は年齢で言えば,6歳から8歳にあたる。心理学者ピアジェによれば,前操作的段階にあたる。つまり,自己中心的で子どもらしい主客未分の段階はまだ残りつつも,次第に客観的な見方ができるようになる頃と言えよう。風で動くおもちゃづくりにしても飾りや大きな帆を付けたり,大きなタイヤを付けたりすれば,速く走るのではないかという予想から,かえって帆かけ船の重さが重くなり,風を受けても走らないことに気づき始めるのもこの頃である。

　社会科の題材に相当するが,いつも遊んでいる公園が,ある日訪れてみると落ち葉がすっかり掃除されていたり,通学路で安全を見守ってくださるス

クールガードの方々が，ボランティアで自分たちを守ってくれていることの意味に気がついたりし始めるのもこの頃である。

　「条件を変えてやってみる思考（科学的思考の基礎）や「比較」「他の立場に立つ考え」「公共心の芽生え」などができるようになることが理科や社会科学習のスタートには欠かせない。自然認識や社会認識の発達を考慮してみても生き物の姿や動きをほかの生き物と比べてみる，複数の場所のようすを比べてみる，時間的な変化を比べてみるなどの素朴な比較は，科学的な見方の基礎であり，対象から少し離れて物事を観察し思考できる一歩となる。早い子どもなら小学校2学年からでもそういった見方ができる場合もあり，個人差も著しい。理科や社会科という教科のスタートをまたずともある程度生活科の中で客観的な見方を養いつつ，自分に引き寄せた学びを実現させたい。そのことが，気付きの質を高め，確かな思考と表現につながるからである。

（2）気付きの質の違い

　「気付き」とは，何か。単にモノの存在に気づくことではない。子ども自身による新たな見方の獲得であり，個性も含んだ発見を指す。子ども自身のこだわりや自分に引き寄せた認識がそこにはある。気付きの質を高め，自立への基礎づくりを教科の目標とする生活科は，自分と自然とのかかわり，自分と社会とのかかわり，自分と自分自身とのかかわりを軸に展開する点で理科や社会科も対象とする環境世界を意識した教育である。

　教科内容は9つの項目と11の視点からなり，『小学校学習指導要領解説　生活編』には，図1のような三層の構造で内容間の関連が構築されている。

　これらの内容のもっとも下層にある3つの内容（学校と生活，家庭と生活，地域と生活）について，ここでは，生活科の何が3年以上の理科や社会科と同一なのか，どういった視点が異なるのか，4つの窓口から論じてみたい。

　①季節変化と探検を基調とする生活科

　理科が必然的に人間を取り巻く科学の世界を対象としているため，生活科が基調としている四季の変化と未知の領域への探検活動についても理科教育

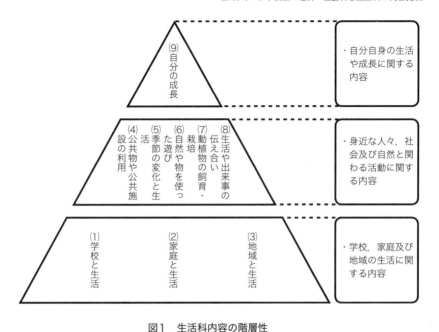

図1　生活科内容の階層性

出所）文部科学省『小学校学習指導要領解説　生活編』2018年，p.26

と基盤を共有している。たとえば，理科で植物の根，茎，葉の構造を学ぶ場合，生活科では簡単なネイチャーゲームを森の中で体験して葉の形を認識する場面やフィールドビンゴという方法で学校の近くの林地で自然物を探す学習がある（図2参照）。その際に，この葉は，どういった植物の葉ですか，と問うことで理科に接近することができる。川の生き物を調べる際にもっと上流を探検してみようと誘う場合など，季節の変化と探検心を意識するのは生活科と理科が近い関係にあることを示している。生活科も理科教育も自分から発する関心の持ち方を大事にする点で自然の不思議さを見つめようとするアングルを共有している。

　大きく違うとすれば，生活科があくまで自分とのかかわりにこだわり，自分の見方や感じ方から自然を感じるのに比べ，理科は図鑑や教科書で解説された科学的な分類との照合を進める点にある。体験知と科学知の違いといってもいい。

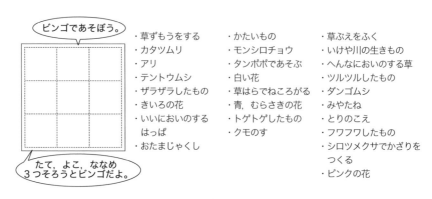

ピンゴであそぼう。

たて, よこ, ななめ
3 つそろうとピンゴだよ。

・草ずもうをする
・カタツムリ
・アリ
・テントウムシ
・ザラザラしたもの
・きいろの花
・いいにおいのする
　はっぱ
・おたまじゃくし

・かたいもの
・モンシロチョウ
・タンポポであそぶ
・白い花
・草はらでねころがる
・青, むらさきの花
・トゲトゲしたもの
・クモのす

・草ぶえをふく
・いけや川の生きもの
・へんなにおいのする草
・ツルツルしたもの
・ダンゴムシ
・みやたね
・とりのこえ
・フワフワしたもの
・シロツメクサでかざりを
　つくる
・ピンクの花

図2　フィールドビンゴのカード

出所）筆者作成（2010年）

②動植物への愛着を大事にする生活科

　愛着は生活科で培われる資質の一つである。とりわけ, 身近な動植物と接し, 栽培や飼育の活動を経ることで自分とのかかわり度合いを強めていく。生活科が比較的個別の動植物への愛着や心情的な共感を強めていくのに対し, 理科教育は生命の個体としての動植物を扱う点がやや異なると言えよう。また, 生活科が動植物への共感的まなざしを見つけさせたりすることを大事にするのに対し, 理科教育はやや客観的立場から動植物の特性や成育条件を捉えると言ってもよい。もちろん生活科のほうが,「チャボが今朝, 餌をやりに行ったときに喜んでいたよ」「アサガオが綺麗に花を咲かせてくれたから, 私もうれしい」というように自己中心的で共感的つぶやきを発する場面が多い。

③相互依存や環境負荷への気付きの基礎を担う生活科

　理科教育が客観的な立場から自然を捉えていくことを最終的な目標にしているのに対し, 生活科はあくまで主観的な捉えでも許容する。したがって, 動植物の成育に必要な条件は何かを考え, 植物には光合成と水, 土が大切であるといった2つ以上の要素が相互に影響し合っているとか指摘する場合には理科的な知が参照される。環境への負荷を減らすために「もといた場所に生き物を返してあげましょう」「飼育小屋を掃除しましょう」「公園のごみを

片付けましょう」「この大きな木（巨樹）はお父さんやお爺ちゃんが子どもの頃からここにあった」などといった子どもの発言や指導の投げかけ言葉の中にも，自然と自分が未分化な生活科らしい側面を感じることができる。理科では，自然を客観的に捉えるよう学習を進めていくが，その主観的な基礎を生活科で養っているとも言える。

④他者の立場には立たない生活科

　生活科は，あくまで「自分とのかかわり」が大切にされる教科である。そのため，子ども自身の気付きやつぶやき，好み，こだわりが学習活動の中でも大切にされる。たとえば，「風で動くおもちゃづくり」の単元では，凧揚げや風輪，風車などの製作が活動の主になるが，子どもが色使いや飾りにこだわり，結果として風を効果的に受けないおもちゃに仕上げてしまってもよしとする傾向にある。動物飼育に例をとってこの問題を考えてみよう。生活科のある授業でウコッケイを飼育小屋で飼っている場面を扱った授業があった。そこには成長したウコッケイがすでに飼われていたが，新たに子どもの小さなウコッケイを数羽持ち込むことになり，子どもたちは互いに仲良く過ごしてくれるものと思っていた。しかし，持ち込んでみると大人のウコッケイが，子どものウコッケイを突くシーンが問題になった。授業では「どうしたら仲良く小屋の中で過ごせるか」を考える内容であった。仕切りを付ける，大人のウコッケイだけを箱に入れるなど，子どもたちは，子どものウコッケイの立場からの発想が大半を占め，大人のウコッケイの立場になかなか立てない状況が生まれた。大人のウコッケイ側の気持ちにはなかなか寄り添えないこの時期の子どもの特性が表れた結果と言えよう。

（3）総合的学習（環境教育）と生活

　自然環境を扱う理科は環境教育にもかかわりが深いが，生活科から社会科へと社会環境の認識が発達するうえでは，こちらも総合的な学習の時間（環境教育）と深いかかわりがある。かつて，社会科教師たちが，高度経済成長期に公害問題を教育課題に扱い児童生徒に対し，川の汚染や海，大気の汚染を社会問題として提示した，いわゆる公害教育の流れがあることが環境教育のル

ーツの一つであるからだ。水俣病や四日市ぜんそく，川崎公害訴訟など一連の企業型公害を代表として，次第に身近な河川の汚染や騒音問題，大気汚染，林地への廃棄物投棄など生活型公害に至るまで教材化しつつあった。環境教育は一方で自然保護教育の流れも強かったが，社会科から発生した公害教育を内包しつつ，倫理や居住，食，エネルギー，生物多様性などの要素も取り入れながらその概念を拡大し，今日に至っている。

　社会科教育の学校における位置付けをみると，公民的資質の基礎を養うという教科目標から照らし合わせて，一方で環境教育を捉え直してみると興味深い視点が見えてくる。環境問題への社会参画がその核になり，シチズンシップ教育の一環として環境を児童生徒がどう捉えるかが論議される必要があろう。もちろん，環境は公共財として把握される対象であり，広げてみれば地球益という概念まで見出せる。「環境について (about)」「環境の中で (in)」「環境のために (for)」といった環境教育の基本的な方法論に立ち返ってみても社会科教育が持つ方法論と大きな違いはない。生活科は，その中でin（環境の中で）の教育を担う役割があるだろう。

　ところで，小学校の社会科教科書には，多くの環境単元が記述されている。現在使用されているＫ社の社会科教科書からその一部（3・4年）を紹介してみよう。

①3年

・単元「店ではたらく人と仕事」の中に「買い物で気をつけていることと店のくふう」が紹介され，リサイクルの大切さやごみの発生抑制，エコバッグなどの大切さが詳しく記述されている。

・単元「市のうつりかわり」の中に「土地の使われ方はどのようにかわったのかな」という昔と今の緑の広がりがわかる地図が挿入されている。

②4年

・単元「健康なくらしとまちづくり」の中に資源ごみのゆくえや3Rに関する記述，水源を守る取り組み（水源涵養林）が丁寧に解説されている。

・単元「わたしたちの県のまちづくり」の中に福岡県岡垣町のアカウミガメ保護が解説され，美しい自然が残る海岸を観光客に楽しんでもらうためにも環境を守る活動が紹介されている。

　このように社会科と環境教育とのかかわりは，密接であり自然を壊し，環境問題を生じさせている原因も人間であり，その解決に向けて活動しているのも人間であることを常に意識づけるように社会科ではこの問題を捉えている。

　理科で，自然環境を生態系，物質や循環，再現性の観点から捉えているのに対し，社会科では，あくまで人間存在とかかわる外界，人間活動によって関係づけられてくる対象や現象，人間が働きかけた結果，反応してくる社会性を帯びた現象として環境を捉えている。社会科と環境教育との関係を考えてみた場合，そこには必ず人間が中心に据えられ，人間環境と言ってもよいほどのアングルで環境を捉えている。そのため，社会科が人間形成の役割を担っている教科の一つであることから，環境に対しても人間形成のための役割を期待している。環境倫理や環境社会といった視点がそれに当たる。環境は，人間がどのように見つめるかによってその姿を異にするようになる。生活科は，その意味で理科や社会科が有する分析的な自然や環境の見方に至らせる以前の未分化な認識を担っている。同時に，自然や環境に自己の興味や関心を向けさせる原動力として生活科が低学年に配置されている。

2　生活科からつなぐ表現能力

　3年以上の表現能力の下支えとして生活科ではどのような表現能力が育成できるだろうか。生き物のスケッチを描いたり，文章で観察記録をとったり，まちたんけんで見つけたことを簡単な絵や写真を使って発表する場面は生活科でも多く見られる。思考と表現を一体として捉えつつ，「考えたことや感じたこと」を「言葉で表す」ことは容易ではない。語彙力が弱いからである。生活科が自分からのアングルで自然や社会，自分自身を見つめる教科であるために，自己中心的な見方は表現できる（たとえば，「うれしかった」「すごいと思います」「大きくなってきた」など）ものの，他者の視点に立った表現能力が身についているかと問われたらいささか不安になってくる。3年に進級して1学期間は，生活科的に社会科を教えるほうがうまくいくと指導現場でたびたび耳にすることがそのことを示している。

表現能力と絡めて，生活科の教科書の多くでは絵で示したり，葉っぱや色紙，布などを模造紙に貼り付けたりする場面も多い。しかし3年以上では絵でなく，記号や言葉で表現させたり，写真を加工したりする場面が増えてくる。表や簡単な地図，録音した音声なども用いながら，自然や社会事象の特色をつかみ，表現する機会が3年以上の理科・社会には多い。ランキングや矢印（→）を用いて関係図でまとめる，年表で生活と道具の変遷をまとめる，植物の観察日記を書くなどの学習も用意されている。生活科学習と質的に異なる表現が求められるのも3年以上の理科・社会なのである。

---

column 気付き

　「気付き」は生活科の授業展開にとって重要な言葉の一つであり，「気付きの質を高める」と示されている。「気付き」とは，対象に対する一人ひとりの認識であり，知的な側面だけではなく，情意的な側面も含まれている。すなわち，子どもの内面に生じる認識あるいはその萌芽（ほうが）と言える。

　2008年版『小学校学習指導要領解説　生活編』においては，「気付き」について「気付きの質を高め，活動や体験を一層充実するための学習活動を重視する。また，科学的な見方・考え方の基礎を養う観点から，自然の不思議さや面白さを実感する学習活動を取り入れる」と記されている。

　「気付き」の質を高めるには，教師が子どもたちのさまざまな「気付き」に気づくことであり，「気付き」には質的な違いがあることを理解しなければならない。このことが生活科の授業の質を大きく左右することになる。

　2008年版学習指導要領に示された「気付き」は，2017年版の学習指導要領においても引き継がれ，学年目標(1)において，「自分との関わりに気付き」，(2)において「活動のよさや大切さに気付き」，(3)において「自分のよさや可能性に気付き」の文言が付加されて，子どもたちに育む具体的な「気付き」が示されている。

確認問題

1 理科の学習内容と生活科で扱う自然事象との違いを着眼点や指導内容
の面から200字程度にまとめよう。
2 社会科の学習内容と生活科で扱う自然事象との違いを着眼点や指導内
容の面から200字程度にまとめよう。

より深く学習するための参考文献

・田部俊充・寺本潔・岩本廣美・池俊介編著『レッツ！環境授業──日常の授業の中でだれもが
できる実践をめざして』東洋館出版社，1997年

生活科創設の内容や
最新の教育界の動向

2008（平成20）年の「小学校学習指導要領」改訂に続く3回目の改訂が2017（平成29）年に行われた。生活科の改訂のキーワードは以下の3点である。

1点目には，定着と発展である。30年間で教科として着実な歩みをしている一方，生活科のねらいを踏まえ，確かな学力を目指した授業実践が進められているかという課題がある。

2点目には，生活科は低学年教育の中核である。生活科は，低学年の教科指導のみならず，学校生活の中心になっている。

3点目には，原点回帰である。生活科が創設されたそもそもの要因を理解して再確認して実践を深めたい。

以上の定着と発展，低学年教育の中核，原点回帰の3点を踏まえて，これからの生活科についてのメッセージを届けたい。

1　「キー・コンピテンシー」と生活科

生活科は，歴史的な流れに位置付いている。1989年に改訂，1992年度から施行された学習指導要領より小学校第1学年および第2学年に設置された教科である。この時期の子どもは，まだ自己中心性が強く，自分の周囲で起きた現象を，自然現象か，社会現象かを識別する能力に乏しい。そこで，社会科と理科を廃して設置された。そのため，社会科と理科を統合して授業を行うものであると考えられがちであった。一部には，生活科という教科を不要

とする意見や，社会科と理科を復活させるべきだとする意見がある。問題点としては，この教科の内容は体験的な活動を重視しており，とくに体系化された内容は含まれないことに起因する。

　これまでに，「学校で学ぶことが，現実の生活を有意義に過ごすための真の力の育成になっているのか」「無意味な知識や技能の習得に終わってしまっているのではないか」という初等・中等教育の学習に存在した課題もある。

　前述のような創設期からの原点の論議と関連して，2008年の改訂では，生活科の基本的な視点の変更点がある。それは，「OECDの主要能力（キー・コンピテンシー）の枠組みに共通するものがある」という表記が加わったことである。教育の成果と影響に関する情報への関心が高まり，「キー・コンピテンシー（主要能力）」の特定と分析に伴うコンセプトを各国共通にする必要性が強調された。「コンピテンシー（能力）」とは，単なる知識や技能だけではなく，技能や態度を含むさまざまな心理的・社会的なリソースを活用して，特定の文脈の中で複雑な要求（課題）に対応することができる力である。

　また，キー・コンピテンシーの3つのカテゴリーとして，①社会・文化的，技術的ツールを相互作用的に活用する能力（個人と社会との相互関係）②多様な

図1　キー・コンピテンシーをめぐる文脈

出所）　OECD『The Definition and Selection of KEY COMPETENCIES』などを
　　　参考に筆者作成

社会グループにおける人間関係の形成能力（自己と他者との相互関係）③自律的に行動する能力（個人の自律性と主体性）がある。この３つのキー・コンピテンシーの枠組みの中心にあるのは，個人が深く考え，行動することの必要性である（図1）。

その背景には，「変化」「複雑性」「相互依存」に特徴付けられる世界への対応の必要性がある。具体的には，①人工知能（AI）の飛躍的な進化が続いており，これを使いこなすためには，一回習得すれば終わりというものではなく，変化への適応力が必要になったこと。②社会は個人間の相互依存を深めつつ，より複雑化・個別化していることから，自らとは異なる文化等をもった他者との接触が増大したこと。③グローバリズムは新しい形の相互依存を創出すること。人間の行動は，個人の属する地域や国をはるかに超え，たとえば経済競争や環境問題に左右される。そういう次代を担う子どもの力を育む基礎力となる生活科であることを認識しておきたい。

2　グローバル時代の生活科 ──「自分の住む地域のよさ」への気付き

生活科の学年目標の趣旨について，兵庫県教育委員会義務教育課が発行した「学習指導要領改訂のポイント（小学校　生活科）」によると，「生活科の学年目標の趣旨について，『自分の住む地域のよさ』に気付きと安全性が強調された。これまでの公共物という表現が具体的に公共の施設や設備などに変更になった。（中略）地域に生活する人々の暮らしや特徴，地域の空間的な広がりや時間的な変化，公共物や公共施設などの社会的な働きなどを，一人一人の子どもの直接体験を通して地域のよさとしてとらえていくことが基盤になって生じる」とされている。

これまで以上に，各校の生活科のカリキュラムをマネジメントしていく学校力や教師力が求められる。筆者は，このカリキュラムマネジメントための考え方を図2のように整理している。

つまり，自校の強みを自覚し認識し，それらを生かして，学校が設置されている外部環境の機会とのかけ算をするという考え方である。さらに，その

ことを地域の特色を生かした有効な「時期や時間」に，安全で活動の場としての価値がある「空間」を設定して，意味のある人間と出会ったり出かけたりして，カリキュラムを開発し編成するということである。

　単元計画の時点で，図2の「時間・空間・人間」の右横にその要素を取り出してみると，活動のめあても明確になる。また，実践後は，これらの点を生かしたかという省察にもなり，次年度の評価改善にもつなげることが可能となる。

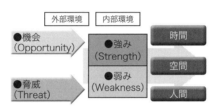

図2　3つの「間」とSWOT分析

出所）p.177図1と同じ

3　子ども理解と授業力を高める6つのポイント

　全国の各学校区の社会・自然環境はそれぞれ違っており，学校ごとにカリキュラムが異なる側面がある。実際の授業を進めるにあたっては，さまざまな指導の工夫改善がなされていることと思われる。とくに，知的好奇心を駆り立てること，実生活と密着した内容で実生活と関連付けた活動を学ぶことの意義や有用性を実感する機会をもたせて実践していくことが重要である。

　そのことを踏まえ，「6点の支援・指導のポイント」に整理した。

子どもの変化に合わせた支援・指導のポイント

①時間（計画・個に応じた枠組み）

②空間（環境設定，活動場所）

③人間（人間関係能力を育む出会い）

④モノ（教材・教具，自然現象・社会事象）

---

⑤技能（スキルと発達段階の把握）

⑥心情（子ども理解と働きかけ）

　上記の①から③の「時間・空間・人間」は，「3つの間」といわれることと関連が深い。前述したように，有効な「時間」に価値ある「空間」で意味のある「人間」と出かけたり出会ったりすることである。おのずと，有効な「時間」の設定は，その時期や時間枠に影響する。たとえば，ねらいに即した適切な「空間」を考えてみると，都心の学校では自然観察・体験ができる場所が少ない。公園や路側帯の街路樹など，「自然発見」活動そのものが中心となってしまう。逆に，僻地では日常的にインタビューなどの取材活動ができる商店や施設がないため，公民館・集会所で代用したり，バス利用の実践活動と組み合わせて郊外のショッピングモール探検に組み込んだりするなど，各校ごとに工夫が必要となる。また，それに伴い，意味ある「人間」との出会いは，地域の人材やねらいに沿った異年齢交流などが設定されるということである。

　④の「モノ」は，教材・教具，自然現象・社会事象など多様である。ここで，多様であることと多量であることの違いを踏まえた指導が必要である。

　ある研究授業では，秋の活動で，落ち葉や木の実のほかに，教師が割り箸を準備した。子どもはこれまで見たことのない大量の割り箸のほうに関心が移り，秋の自然物を生かした活動からどんどん乖離していった例もある。

　⑤の「技能」では，スキルと発達段階の把握が事前に必要である。また，⑥の「心情」との関連が深い。1時間の制作活動中，クヌギとアキノエノコログサを接着剤でくっつけたくて，じっと接着するまで握って持っていた子どもがいる。これを活動に没頭していたと評価するのはいかがであろうか。

　教師がそのような子どもに気づき，「どうしたいのか」という問いかけをして，安全で瞬時に接着できる接着剤（ホットボンドなど）を準備したり，使い方を教えておいたりする支援は必要なことである。「モノ」と「技能」「心情（子ども理解と働きかけ）」も切り離すことができない指導である。

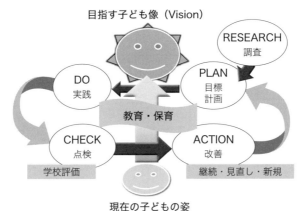

図3　教育・保育による目指す子ども像

出所）善野八千子・前田洋一『幼児期と児童期の接続カリキュラムの開発』
MJ-Books，2011年，p.51に筆者加筆

4　PDCAマネジメントサイクルと生活科

生活科の入り口にある子どもと保護者の課題に，次の5点が挙げられる。

①幼児の経験不足

②主体的な学びや意欲や育ちの問題

③個人差の拡大

④保護者ニーズの高次化・多様化

⑤遊びを通した教育の保護者理解

このような課題を解決するため，教員の資質が問われ，発達に応じた学習の連続の保障が求められている。単元の目標が明確であっても，学校の置かれた地域環境はもとより保護者や子どもの変化を捉えなければ，確かな学力を目指した授業実践を進めることは容易でない。生活科が低学年教育の中核であることを踏まえて，評価を改善に生かす，PDCAマネジメントサイクルを十分に理解しておきたい。

社会情勢や幼児や児童の生活の仕方で保育や教育の重点は変化する。保育所保育指針および幼稚園教育要領並びに学習指導要領が改訂されたというこ

とは，これまでの保育や教育が変わらなければならない必要性があるということである。とりわけ，改訂された幼稚園教育要領において「幼児期の終わりまでに育ってほしい姿」として以下の10の姿が明記されたことは注目できる。その具体的な姿とは，

幼稚園教育において育みたい資質・能力及び「幼児期の終わりまでに育ってほしい姿」

(1) 健康な心と体

　　幼稚園生活の中で，充実感をもって自分のやりたいことに向かって心と体を十分に働かせ，見通しをもって行動し，自ら健康で安全な生活をつくり出すようになる。

(2) 自立心

　　身近な環境に主体的に関わり様々な活動を楽しむ中で，しなければならないことを自覚し，自分の力で行うために考えたり，工夫したりしながら，諦めずにやり遂げることで達成感を味わい，自信をもって行動するようになる。

(3) 協同性

　　友達と関わる中で，互いの思いや考えなどを共有し，共通の目的の実現に向けて，考えたり，工夫したり，協力したりし，充実感をもってやり遂げるようになる。

(4) 道徳性・規範意識の芽生え

　　友達と様々な体験を重ねる中で，してよいことや悪いことが分かり，自分の行動を振り返ったり，友達の気持ちに共感したりし，相手の立場に立って行動するようになる。また，きまりを守る必要性が分かり，自分の気持ちを調整し，友達と折り合いを付けながら，きまりをつくったり，守ったりするようになる。

(5) 社会生活との関わり

　　家族を大切にしようとする気持ちをもつとともに，地域の身近な人と触れ合う中で，人との様々な関わり方に気付き，相手の気持ちを考

えて関わり，自分が役に立つ喜びを感じ，地域に親しみをもつように
なる。また，幼稚園内外の様々な環境に関わる中で，遊びや生活に必
要な情報を取り入れ，情報に基づき判断したり，情報を伝え合ったり，
活用したりするなど，情報を役立てながら活動するようになるととも
に，公共の施設を大切に利用するなどして，社会とのつながりなどを
意識するようになる。

(6) 思考力の芽生え

　身近な事象に積極的に関わる中で，物の性質や仕組みなどを感じ取っ
たり，気付いたりし，考えたり，予想したり，工夫したりするなど，
多様な関わりを楽しむようになる。また，友達の様々な考えに触れる
中で，自分と異なる考えがあることに気付き，自ら判断したり，考え
直したりするなど，新しい考えを生み出す喜びを味わいながら，自分
の考えをよりよいものにするようになる。

(7) 自然との関わり・生命尊重

　自然に触れて感動する体験を通して，自然の変化などを感じ取り，
好奇心や探究心をもって考え言葉などで表現しながら，身近な事象へ
の関心が高まるとともに，自然への愛情や畏敬の念をもつようになる。
また，身近な動植物に心を動かされる中で，生命の不思議さや尊さに
気付き，身近な動植物への接し方を考え，命あるものとしていたわり，
大切にする気持ちををもって関わるようになる。

(8) 数量や図形，標識や文字などへの関心・感覚

　遊びや生活の中で，数量や図形，標識や文字などに親しむ体験を重
ねたり，標識や文字の役割に気付いたりし，自らの必要感に基づきこ
れらを活用し，興味や関心，感覚をもつようになる。

(9) 言葉による伝え合い

　先生や友達と心を通わせる中で，絵本や物語などに親しみながら，
豊かな言葉や表現を身に付け，経験したことや考えたことなどを言葉
で伝えたり，相手の話を注意して聞いたりし，言葉による伝え合いを
楽しむようになる。

(10) 豊かな感性と表現

心を動かす出来事などに触れ感性を働かせる中で，様々な素材の特
　徴や表現の仕方などに気付き，感じたことや考えたことを自分で表現
　したり，友達同士で表現する過程を楽しんだりし，表現する喜びを味
　わい，意欲をもつようになる。

である。これらは小学校に入学した後にも生活科を中心に諸教科や領域にお
いて伸長を目指したい姿でもある。生活科を実践する教師自身が振り返り，
変わるべきもの変わらざるものを認知しながら，日々更新し改善するツール
としてのPDCAサイクルによって，スパイラルにアップし続けていきたいも
のである。

執筆分担

寺本　潔（てらもと・きよし）＝編著者，はじめに，第1章，第8章，
第9章，第15章，第16章
玉川大学教育学部教授

綿貫健治（わたぬき・けんじ）＝第2章，第6章，第7章
元玉川大学教師教育リサーチセンター客員教授

森山賢一（もりやま・けんいち）＝第3章，第4章，コラム
玉川大学教育学部教授

神永典郎（かみなが・のりお）＝第5章，第10章，第13章
白百合女子大学文学部教授

善野八千子（ぜんの・やちこ）＝第11章，第12章，第14章，おわりに
奈良学園大学人間教育学部特任教授

教科力シリーズ　改訂第2版
小学校生活

2021年11月30日　初版第1刷発行

編著者 ——— 寺本　潔
発行者 ——— 小原芳明
発行所 ——— 玉川大学出版部
　　　　　　　〒194-8610　東京都町田市玉川学園6-1-1
　　　　　　　TEL 042-739-8935　FAX 042-739-8940
　　　　　　　http://www.tamagawa.jp/up/
　　　　　　　振替：00180-7-26665

装幀 ————— しまうまデザイン
印刷・製本 —— 株式会社ユー・エイド